সঞ্চালোক

(হৃদয়, আত্মা এবং প্রকৃতির আলোয় আলোকিত যাত্রা)

কবিতা

মমজ্জদ আহমদ চৌধুরী
(বাবু চৌধুরী)

কবিতার রচনাকাল: ১৯৮৬–১৯৯৬
প্রথম সংস্করণ: ২০২৫

পেপারব্যাক সংস্করণটি কবির নিজস্ব উদ্যোগে স্বাধীনভাবে প্রকাশিত। ভারতে Pothi প্ল্যাটফর্মে এবং বিশ্বব্যাপী Amazon Kindle Direct Publishing (KDP), Lulu ও Draft2Digital-এর মাধ্যমে উপলব্ধ।

মূল্য:

ISBN পেপারব্যাক: 978-93-344-1466-0

বিতরণ ও প্রাপ্যতার অধিকার:

"***সঞ্চালোক*** " গ্রন্থটি কবির পূর্ণ ও স্বতন্ত্র বিতরণাধিকারে প্রকাশিত। পেপারব্যাক সংস্করণটি, যা লেখকের সরকারি **ISBN** বহন করে, ভারতে **Amazon.in, Flipkart ও Pothi Store**-এ উপলব্ধ এবং আন্তর্জাতিকভাবে **Lulu Bookstore** ও প্রধান **Amazon** মার্কেটপ্লেসগুলো-যুক্তরাষ্ট্র, যুক্তরাজ্য, নেদারল্যান্ডস, জার্মানি, ফ্রান্স, ইতালি, স্পেন, জাপান, কানাডা, অস্ট্রেলিয়া, পোল্যান্ড, সুইডেন, ব্রাজিল ও মেক্সিকোতেও পাওয়া যায়।
ইবুক সংস্করণটি লেখকের নিজস্ব মালিকানায় প্রকাশিত-, যা বিশ্বব্যাপী **Amazon Kindle Store, Google Play Books, Apple Books** ও অন্যান্য সমর্থিত ইর-িডিং প্ল্যাটফর্মে উপলব্ধ।
উভয় সংস্করণই লেখকের স্বনিবন্ধ -**ISBN** সহ তালিকাভুক্ত এবং নিম্নলিখিত প্রতিষ্ঠানের জন্য সংগ্রহযোগ্য:

- গ্রন্থাগার ও শিক্ষাপ্রতিষ্ঠান
- একাডেমিক বিক্রেতা ও বইয়ের দোকান
- ডিজিটাল ও মুদ্রিত বিতরণ নেটওয়ার্ক

স্বত্ব, লাইসেন্সিং বা বিতরণ সংক্রান্ত যোগাযোগের জন্য:
ইমেইল : mamazzad.choudhury123@gmail.com

"Sanchalok" — A luminous journey through the heart, soul, and nature's light. A poetry collection written and published by Mamazzad Ahmed Choudhury, Poet, Educator, and Researcher.

উৎসর্গপত্র

সর্বান্তকরণে, ভালোবাসা, শ্রদ্ধা ও বিনয়ের সঙ্গে
আমি আমার এই কাব্যগ্রন্থ
"সঞ্চালোক"

উৎসর্গ করছি--

বিশ্বনন্দিত মনিষী হযরত আল্লামা নিজাম উদ্দিন চৌধুরী
বিশকুটি (রহঃ)- এর প্রতি

যাঁর জীবনদর্শন আমাকে শিখিয়েছে-- সত্যের দীপ্তি, ভালোবাসার আলো, মানবতার মহিমা, আর আত্মার মুক্তির অনন্ত পথ।
এই গ্রন্থের প্রতিটি শব্দ, প্রতিটি অনুভূতি, তাঁর আধ্যাত্মিক শিক্ষা ও দিকনির্দেশনা থেকে প্রাপ্ত আলোর ক্ষুদ্র প্রতিফলন।
*যদি "**সঞ্চালোক**" পাঠকের অন্তরে শান্তি, করুণা ও জাগরণের আলো ছড়ায়, তবে সেটিই হবে আমার সাধনার সার্থকতা,*
*আর **আল্লামা বিশকুটি (রহঃ)**-এর অমর বাণীরই জীবন্ত প্রতিধ্বনি যাঁর হৃদয়ের ছোঁয়ায় আমার কবিতার জন্ম।"*

আলো, জ্ঞান ও সত্যের অন্বেষীদের প্রতি-
এই পঙ্‌ক্তিগুলো হোক অনুপ্রেরণার দীপ,
যেন তরুণ মনে জাগায় অনুপ্রেরণা,
ক্লান্ত হৃদয়ে আনে সান্ত্বনা,
সান্ত্বনার শীতল ছায়া,
আর জাগিয়ে তুলুক প্রতিটি হৃদয়ে
চিরন্তন প্রজ্ঞার শিখা

লেখক-
মমজ্জদ আহমদ চৌধুরী
(বাবু চৌধুরী)

প্রাককথন

কবিতা মানুষের মনের গভীরতম অনুভূতির প্রকাশ। শব্দ, ছন্দ ও রূপকের বাঁধনে কবিতা হয়ে ওঠে হৃদয়ের অনুবাদ, জীবনের প্রতিচ্ছবি। আমার শৈশব-কৈশোরের পথ চলায়, শিক্ষকতার জীবনে, এবং সমাজ-সংস্কৃতির অঙ্গনে বিচরণ করতে করতে যে অভিজ্ঞতা, যে আনন্দ ও বেদনার সঞ্চয় করেছি- সেগুলোই ধীরে ধীরে কবিতার রূপে ধরা দিয়েছে।

*এই **স্বরচিত কবিতাসমূহ** আমার দীর্ঘদিনের সাধনা ও অনুভবের ফসল। **১৯৮৬ থেকে ১৯৯৬ খৃষ্টাব্দ** অব্দি ব্যাক্তিজীবন, পারিবারিক, সামাজিক, রাজনৈতিক, রাষ্ট্রীয় এবং আন্তর্জাতিক অবস্থা-বাস্তবতার প্রেক্ষাপটে মম অনুভূতি-উপলব্দির ক্ষুদ্র উপস্থাপনা কবিতার মাধ্যমে বাঙালী কবিতা প্রেমী পাঠকবর্গের করকমলে তুলে দিলাম।*

কবিতা হলো আমার হৃদয়ের স্পন্দন, জীবনের অভিজ্ঞতার প্রতিফলন। এই সংকলনের প্রতিটি কবিতা মানুষের অনুভূতি, সমাজ, দেশপ্রেম, এবং আত্মার যাত্রার কথা বলে। আমি চাই পাঠক এর ভেতরে নিজের জীবনকে খুঁজে নিন।

এখানে প্রকৃতি, সম্পর্ক, সমাজ, দেশপ্রেম, বিশ্বাস এবং মানবিক আবেগ- সব কিছুরই প্রতিফলন ঘটেছে। প্রতিটি কবিতা যেন একেকটি যাত্রা, একেকটি জানালা, যেখানে পাঠক তাঁর নিজস্ব অভিজ্ঞতার আলোকে নতুন অর্থ খুঁজে নিতে পারবেন।

কবিতা শিক্ষা, সংস্কার ও সমাজ গঠনেরও একটি মাধ্যম। তাই আমি চেষ্টা করেছি যেন আমার কবিতাগুলো পাঠকের হৃদয়ে অনুরণন জাগায়, তরুণ প্রজন্মকে অনুপ্রাণিত করে এবং প্রবীণ পাঠকদের স্মৃতি ও অভিজ্ঞতার সঙ্গে সেতুবন্ধন রচনা করে।

আমি বিশ্বাস করি কবিতা কেবল সাহিত্য নয়, এটি এক শিক্ষার মাধ্যম, নৈতিক প্রতিফলন ও সামাজিক সচেতনতার হাতিয়ারও বটে। এই প্রচেষ্টায় যারা আমাকে উৎসাহ ও সহায়তা করেছেন- আমার পরিবার, সহকর্মী, ছাত্রছাত্রী ও শুভানুধ্যায়ীদের প্রতি রইল আন্তরিক কৃতজ্ঞতা। আর সর্বোপরি, আমার দেশ, তার মানুষ ও তার সমৃদ্ধ সংস্কৃতিই এই সংকলনের পেছনে সবচেয়ে বড় প্রেরণা।

শৈশব থেকে শুরু করে, একজন শিক্ষাবিদ হিসেবে পেশাগত যাত্রা, সমাজ-জীবনের পর্যবেক্ষণ- এই দীর্ঘ পরিক্রমায় আমি নানা অভিজ্ঞতা ও ভাবনাকে সংগ্রহ করেছি, যা ধীরে ধীরে কবিতার রূপ নিয়েছে। সেই দীর্ঘ যাত্রার পরিণতি হলো এই সংকলন- ***"সঞ্চালোক"- হৃদয়, আত্মা এবং প্রকৃতির আলোয় আলোকিত একটি যাত্রা।***

এতে স্থান পেয়েছে বহুবিধ বিষয়: প্রকৃতি, মানবসম্পর্ক, সমাজ, দেশপ্রেম, আবেগ এবং আধ্যাত্মিক মনন। প্রতিটি কবিতা যেন একেকটি জানালা, যা পাঠককে আহ্বান জানায় নিজের চিন্তা, স্মৃতি ও অনুভূতিকে আবিষ্কার করতে, একই সঙ্গে মানবতার সার্বজনীন অভিজ্ঞতার সঙ্গে সংযুক্ত হতে।

আশাকরি মম কাব্যসংকলন পাঠকের মনকে পুষ্ট করবে, কল্পনাকে আলোড়িত করবে এবং প্রতিটি মানুষের চেতনাকে আলোকিত করবে, পাঠকের অন্তরে চিন্তার খোরাক যোগাবে, কল্পনার ডানা মেলতে সাহায্য করবে, এবং সর্বোপরি মানবিকতার আলো ছড়াবে।

মমজ্জদ আহমদ চৌধুরী
(বাবু চৌধুরী)

কৃতজ্ঞতা স্বীকার

*"**সপ্তালোক**" আমার কাছে শুধু একটি কবিতার সংকলন নয়, এটি ভক্তি, আত্মমনন ও শিক্ষাযাত্রার ফলশ্রুতি। এই যাত্রায় বহুজনের অনুপ্রেরণা, সহায়তা ও স্নেহ আমাকে সমৃদ্ধ করেছে। তাঁদের সকলের প্রতিই আমার চিরকৃতজ্ঞতা।*

প্রথমেই আমি গভীর বিনম্রতায় শোকর জানাই সর্বশক্তিমান স্রষ্টার প্রতি- যিনি জ্ঞানের উৎস, আলোর আধার। তাঁর কৃপা ব্যতীত একটি শব্দও কবিতার রূপ নিতে পারত না।

আমার পরিবার- যাদের উৎসাহ, ধৈর্য ও ভালোবাসা আমার নিরন্তর শক্তি হয়ে থেকেছে- তাঁদের প্রতি আমি বিশেষভাবে কৃতজ্ঞ। তাঁদের নীরব ত্যাগই আমাকে এই গ্রন্থ রচনার সময়, অবকাশ ও মানসিক প্রশান্তি প্রদান করেছে।

আমার ছাত্রছাত্রী ও সহকর্মীদের প্রতিও আন্তরিক কৃতজ্ঞতা জানাই। তাঁদের কৌতূহলী প্রশ্ন ও উজ্জ্বল দৃষ্টিভঙ্গি আমাকে বারবার মনে করিয়ে দিয়েছে শিক্ষার প্রকৃত উদ্দেশ্য- প্রেরণা, উৎকর্ষ ও আলোকপ্রাপ্তি। এই সংকলনের শিক্ষণীয় কাঠামো তাঁদের প্রাণশক্তি থেকেই অনুপ্রাণিত।

আমি অতীত ও বর্তমানের কবি ও চিন্তাবিদদের প্রতিও শ্রদ্ধা নিবেদন করছি, যাঁদের অমর বাণী মানবজাতির পথপ্রদর্শক হয়ে আছে। তাঁদের শব্দ অনন্ত আলোকশিখার মতো আমাদের সত্য ও সৌন্দর্যের চিরন্তন অঙ্গীকার স্মরণ করিয়ে দেয়। এই গ্রন্থ প্রকাশিত হওয়ার পেছনে যাঁরা উৎসাহ ও সমর্থন যুগিয়েছেন- বিশেষ করে আমার দেশ, মাটি ও মানুষ আমাকে এই সৃষ্টির প্রেরণা দিয়েছে।

*সবশেষে, বিশ্বের সকল কবিপ্রেমী, শিক্ষাবিদ ও প্রতিষ্ঠানকে জানাই আন্তরিক কৃতজ্ঞতা। আমার বিশ্বাস- "**সপ্তালোক**" কেবল একটি কবিতার বই নয়, বরং শ্রেণিকক্ষ, গ্রন্থাগার ও হৃদয়ের এক আলোকিত সহচর হয়ে উঠবে।*

মমজ্জদ আহমদ চৌধুরী
(বাবু চৌধুরী)

কবিতা : উৎপত্তি, বিবর্তন ও সারসত্তা

কবিতা গ্রিক শব্দ **poiesis** *থেকে উদ্‌ভূত, যার অর্থ "সৃষ্টি" বা "তৈরি করা" যা এক ধরনের সাহিত্যকলা, ভাষার নান্দনিক ও প্রায়শই ছন্দময় গুণাবলি ব্যবহার করে এমন অর্থ প্রকাশ করে যা আক্ষরিক অর্থের বাইরে গিয়ে কিংবা কখনও কখনও আক্ষরিক অর্থকে প্রতিস্থাপন করেও মানবমনে ছাপ ফেলে। কবিতার প্রতিটি নির্দিষ্ট রূপকে বলা হয় একটি* **poem** *বা কবিতা, যা রচনা করেন কবি।*

শিল্পসত্তা অর্জনের জন্য কবিরা নানারকম কৌশল বা **poetic devices** *ব্যবহার করেন—যেমন স্বরসঙ্গতি* **(assonance)**, *অনুপ্রাস* **(alliteration)**, *ব্যঞ্জনসঙ্গতি* **(consonance)**, *মধুর ধ্বনি* **(euphony)** *ও কর্কশ ধ্বনি* **(cacophony)**, *ধ্বনিতত্ত্ব* **(onomatopoeia)**, *ছন্দ, মিল* **(rhyme schemes)** *এবং ধ্বনির প্রতীকধর্মিতা* **(sound symbolism)** *। অধিকাংশ লিখিত কবিতা গঠিত হয় ছন্দোবদ্ধ পঙ্‌ক্তির বিন্যাসে—যেখানে নির্দিষ্ট কাব্যিক রীতি অনুসারে লাইনগুলো সাজানো হয়। সেই কারণেই* **verse** *শব্দটি প্রায়ই কবিতার প্রতিশব্দ হিসেবে ব্যবহৃত হয়।*

অনেক কাব্যিক ঐতিহ্য নির্দিষ্ট সংস্কৃতি ও ভাষার গভীরে প্রোথিত। যারা দান্তে, গ্যোটে, মিৎসকিয়েভিচ বা রুমির সঙ্গে পরিচিত, তারা কবিতাকে প্রধানত মিল ও নিয়মিত ছন্দের সঙ্গে সম্পর্কিত মনে করেন।

তবে অন্যান্য ঐতিহ্যে ছন্দ ও সুর সৃষ্টির ভিন্ন ভিন্ন পদ্ধতি ব্যবহৃত হয়। যেমন—বাইবেলীয় কবিতা ও প্রাচীন ইংরেজি অনুপ্রাস-নির্ভর কবিতা মিলের উপর কম নির্ভরশীল, আবার সোমালি কবিতা জটিল অনুপ্রাস ও ছন্দব্যবস্থার উপর ভিত্তি করে গড়ে উঠেছে, যা লেখার বাইরে মৌখিক ধারায়ও অটুট থেকেছে। এর গঠন কাঠামো প্রাচীন গ্রিক ও মধ্যযুগীয় ইউরোপীয় মৌখিক কবিতা-ঐতিহ্যের সঙ্গে তুলনীয়।

"শব্দ যখন আলো হয়ে ওঠে,
কবিতা তখন মানবতার চিরন্তন সেতু।
কবিতা হলো আত্মার আলোকশিখা-
যা আঁধার ভেদ করে সত্যের পথ দেখায়।"

আধুনিক কবিতা ও এর প্রাচীন শিকড়

আধুনিক কবিতার কখনও সুরের মাধুর্য(**euphony**) *পরীক্ষা করেছে, আবার কখনও মিল ও স্থির ছন্দ পুরোপুরি পরিত্যাগ করেছে। কবিতা প্রায়ই এমন রীতি ও গঠন ব্যবহার করে যেখানে শব্দগুলো বহুমাত্রিক ব্যাখ্যা বহন করতে পারে এবং তাতে প্রবল আবেগময় প্রতিক্রিয়া জাগাতে সক্ষম হয়। দ্ব্যর্থকতা (***ambiguity***)*, *প্রতীকধর্মিতা* (**symbolism**), *ব্যঙ্গ* (**irony**) *এবং কাব্যিক ভাষার অন্যান্য অলংকার কবিতাকে নানাবিধ পাঠের জন্য উন্মুক্ত করে।*

উপমা (**metaphor**), *তুলনা* (**simile**) *এবং রূপক* (**metonymy**)*-এর মতো অলঙ্কার ভিন্নতর চিত্রের মধ্যে অনুরণন সৃষ্টি করে, যা অন্যথায় অদৃশ্য থেকে যেত। এই অনুরণন কেবল চিত্রকল্পের ভেতরেই নয়, পঙ্‌ক্তির মধ্যেও জন্ম নিতে পারে- যা পুনরাবৃত্ত ছন্দ, মিল, কিংবা থিমের প্রতিধ্বনির মাধ্যমে গড়ে ওঠে।*

কবিতার ইতিহাস দীর্ঘ ও বহুমুখী, যা বিশ্বের নানান সংস্কৃতির মধ্য দিয়ে ক্রমাগত বিবর্তিত হয়েছে। এর উৎপত্তি প্রাগৈতিহাসিক যুগ পর্যন্ত প্রসারিত--আফ্রিকার শিকারভিত্তিক কবিতা এবং নীল, নাইজার ও ভোল্টা উপত্যকার সাম্রাজ্যে প্রশস্তি ও বিলাপধর্মী দরবারি কবিতায়। আফ্রিকার প্রাচীনতম লিখিত কবিতা পাওয়া যায় খ্রিস্টপূর্ব ২৫তম শতাব্দীর **Pyramid Texts**-*এ।*

পশ্চিম এশিয়ায় গিলগামেশের মহাকাব্য, যা সুমেরীয় ভাষায় রচিত, হলো আজ পর্যন্ত টিকে থাকা প্রাচীনতম মহাকাব্য। বিশ্বের অন্যান্য স্থানে প্রারম্ভিক কবিতা অন্তর্ভুক্ত করেছে- চীনের লোকগীতি **Shijing**; *সংস্কৃত ঋগ্বেদ, জরথুস্ত্রীয়* **Gathas**, *হুরিয়ানদের গান এবং হিব্রু* **Psalms**-*এর মতো ধর্মীয় স্তোত্র; পাশাপাশি মৌখিক ঐতিহ্যের মহাকাব্যিক পুনর্কথন যেমন- মিশরের* **Sinuhe**-*এর কাহিনী, ভারতের মহাকাব্য এবং হোমারের* **Iliad** *ও* **Odyssey** ।

কবিতা হলো আত্মার ভাষা- মানবীয় আবেগ, অভিজ্ঞতা ও কল্পনার প্রতিফলন। শব্দ, ছন্দ ও রূপক মিলেমিশে সৃষ্টি করে এমন এক সেতু, যা আমাদের অন্তর্জগতকে ঘিরে থাকা মহাবিশ্বের সঙ্গে যুক্ত করে।

"যেখানে ভাষার সীমা শেষ হয়, সেখানেই কবিতার শুরু- সসীমের ভেতরে অসীমের আবিষ্কার।"

কবিতা : প্রয়োজন, প্রতিফলন ও চিরন্তন আলাপন

কবিতা কেবল লেখা নয়- এটি নিঃশ্বাসে মিশে থাকে। এটি ভাষার স্পন্দন, আত্মার ফিসফিসানি, সেই আগুন যা স্মৃতিকে জীবন্ত রাখে। যেখানে গদ্য ব্যাখ্যা করে, সেখানে কবিতা উদ্ঘাটন করে; যেখানে বাক্য থেমে যায়, সেখানে কবিতা শুরু হয়। অল্প কয়েকটি শব্দেই এটি আবেগের মহাসাগরকে ধারণ করতে পারে- তিক্ততা ছাড়াই দুঃখকে, বাড়াবাড়ি ছাড়াই আনন্দকে, সীমাহীন ভালোবাসাকে।

কবিতার প্রয়োজনীয়তা নিহিত রয়েছে তার সেই শক্তিতে- যা অব্যক্তকে উদ্ধার করে, যা হৃদয়ে কাঁপতে থাকে অথচ জিহ্বার নাগাল এড়িয়ে যায় তাকে রূপ দেয়। এটি ধরে রাখে বিলীন হয়ে যাওয়া মুহূর্তের সুবাস, অতীত প্রজন্মের কণ্ঠস্বর, এমন সত্য যা ইতিহাস হয়তো ভুলে যাবে। কবিতা ছাড়া ভাষার প্রস্থ থাকত, কিন্তু গভীরতা থাকত না; জীবনে গতি থাকত, কিন্তু সুর থাকত না।

তবুও কবিতা কেবল একটি পাত্র নয়- এটি আয়নাও বটে। এটি কবির অন্তর্জগত ও কবির বাইরের জগতকে প্রতিফলিত করে, সৌন্দর্য ও ভগ্নতাকে সমান মাধুর্যে প্রকাশ করে। কবিতার ছত্রে আমরা দেখি নিজেদের- যেমন আমরা আছি, আর যেমন আমরা হতে চাই। এটি মানুষের আত্মার ঘনিষ্ঠ দিনলিপি, অথচ সমগ্র মানবজাতির সঙ্গে ভাগ করে নেওয়া যায়।

কবিতা শুরু হয় যেখানে ভাষা 'বিস্ময়ের সঙ্গে মিলিত হয়। এটি সেই সেতু—যেখানে আমরা যা বলতে পারি তার সঙ্গে যা শুধু অনুভব করতে পারি তার মিলন ঘটে। এর প্রকৃত রূপে কবিতা মনের বিলাসিতা নয়, আত্মার প্রয়োজন- বাতাসের মতোই অপরিহার্য, অথচ অনেক দুর্লভ। দার্শনিকেরা যুক্তির মাধ্যমে সত্যের সন্ধান করেন; কবিরা খুঁজে পান সেই নীরব স্থানে, যেখানে যুক্তি পৌঁছতে পারে না। একটিমাত্র চিত্রকল্প, একটি হঠাৎ বাক্যবিন্যাস খুলে দিতে পারে সেই দরজা, যা হাজারো ব্যাখ্যাও খুলতে পারে না।

কবিতার স্থায়িত্ব ইতিহাসের চেয়েও প্রাচীন, কালি বা বর্ণমালারও আগে। এটি শুরু হয়েছিল মানুষের নিঃশ্বাসের ছন্দ থেকে, আগুনের পাশে উচ্চারিত মন্ত্র থেকে, আকাশের দিকে ধ্বনিত প্রার্থনা থেকে- এবং সেই ধ্বনি আর কখনও স্তব্ধ হয়নি।

কবিতার সর্বোচ্চ রূপে এটি কেবল সুন্দরভাবে সাজানো ভাষা নয়; এটি চিন্তার নির্যাস, অনুভূতির সুরেলা রূপ। প্রতিটি লাইন একই সঙ্গে আয়না ও প্রদীপ- আয়না, যেখানে পাঠক তাঁর নিজের আত্মার সত্য দেখতে পান; আর প্রদীপ, যা আলোকিত করে সেই পথ, যা তিনি খুঁজছেন অথচ জানতেন না।

কবিতা একই সঙ্গে আয়না ও শিখা। এক নিঃশ্বাসে এটি আমাদের যেমন আছি তেমনটি দেখায়; আরেক নিঃশ্বাসে এটি আলোকিত করে সেই পথ, যেখানে আমরা হতে পারি আরও উত্তম। এটি দুঃখকে ধারণ করে, অথচ তাকে হতাশায় পরিণত হতে দেয় না; এটি আনন্দকে কোলে নেয়, অথচ তাকে বিস্মৃতির আঁধারে হারিয়ে যেতে দেয় না। এটি একমাত্র শিল্প, যা একই হাতে অশ্রু ও নক্ষত্রকে ধারণ করতে পারে।

তাই কবিতা টিকে থাকে- ভাষার অলঙ্কার হিসেবে নয়, ভাষার শুদ্ধতম রূপ হিসেবে; অতীতের নিদর্শন হিসেবে নয়, বর্তমানের জীবন্ত নিঃশ্বাস হিসেবে। এটি সেই চিরন্তন ফিসফিসানি, যা সময়ের করিডোর জুড়ে আমাদের অনুসরণ করে, মনে করিয়ে দেয়—সবকিছু ক্ষণস্থায়ী হলেও, মানুষের আত্মার গান অম্লান।

***"কবিতা হলো হৃদস্পন্দনের ফাঁকে জমে থাকা নিঃশ্বাস-
অদৃশ্য, তবু এটি আত্মাকে বাঁচিয়ে রাখে।
এখানেই সত্য সৌন্দর্যের আড়ালে লুকিয়ে থাকে,
আর সৌন্দর্য সত্যের আড়ালে।"***

উপক্রমণিকা

উৎসর্গপত্র	৩
প্রাককথন	৪
কৃতজ্ঞতা স্বীকার	৬
কবিতা : উৎপত্তি, বিবর্তন ও সারসত্তা	৭
আধুনিক কবিতা ও এর প্রাচীন শিকড়	৮
কবিতা : প্রয়োজন, প্রতিফলন ও চিরন্তন আলাপন	৯

ক্রম	কবিতার নাম	পৃষ্ঠা
০১	আল্লামা বিশকুটি : আধ্যাত্মিক আলোকধারা	১৫
০২	মানবতা	১৭
০৩	আমার সত্তা	১৮
০৪	নীহারিকা	২০
০৫	বাসনা	২২
০৬	প্রণয়ী	২৩
০৭	জন্নত	২৪
০৮	শেষ দেখা	২৬
০৯	শ্রেয়সী	২৮
১০	মাঝি	২৯
১১	ঋতুর রূপকথা	৩১
১২	যৌবন	৩৩
১৩	জীবন	৩৫
১৪	প্রথম প্রেম	৩৬
১৫	শাহজাদী	৩৭
১৬	আশিয়ানা	৩৮
১৭	সীমারেখা	৪১
১৮	নকশিকাঁথা	৪৩
১৯	মরিচীকা	৪৫
২০	বিপন্ন	৪৭
২১	প্রকৃতির হাহাকার	৪৯
২২	উপত্যকার মাঠে	৫০
২৩	আমার শহর	৫১
২৪	আকাশের দিনলিপি	৫৩

ক্রম	কবিতার নাম	পৃষ্ঠা
২৫	সাগর সৈকতে	৫৫
২৬	জীবন সায়াহ্নে	৫৬
২৭	নিবেদিতা	৫৮
২৮	অপূর্ণ	৫৯
২৯	দুরন্ত	৬১
৩০	নিঃসঙ্গ রাজপথ	৬২
৩১	নগরোদ্যান	৬৪
৩২	প্রবাহমান স্মৃতি	৬৫
৩৩	আজমীরী	৬৬
৩৪	সংক্রমন	৬৭
৩৫	পরিবর্তন	৬৮
৩৬	প্রকৃতির ঐকতান	৬৯
৩৭	স্মৃতি পট	৭০
৩৮	ভালবাসা	৭১
৩৯	অন্তরের সংলাপ	৭২
৪০	গ্রন্থরাজি	৭৩
৪১	চন্দন	৭৪
৪২	পরপার	৭৫
৪৩	অবলোকন	৭৬
৪৪	ক্ষনিক আশা	৭৭
৪৫	জীবন সংগ্রাম	৭৮
৪৬	অস্তিত্ব	৭৯
৪৭	পরিত্রাণ	৮০
৪৮	আবরণ	৮১
৪৯	অববাহিকা	৮২
৫০	সিক্ত	৮৩
৫১	আলিঙ্গন	৮৪
৫২	রসনার রূপান্তর	৮৫
৫৩	ব্যথাতুর পানে	৮৬
৫৪	আগ্রাসন	৮৭
৫৫	নীরব অভিমান	৮৯
৫৬	লালফিতের বাঁধন	৯০

ক্রম	কবিতার নাম	পৃষ্ঠা
৫৭	ভাল লাগা	৯১
৫৮	অন্তর্বহ্নি	৯২
৫৯	অক্ষিগোলক	৯৪
৬০	মিতা	৯৫
৬১	শত কথা	৯৭
৬২	নীলাঞ্জনা	৯৮
৬৩	শুভ কামনা	৯৯
৬৪	প্রিয়া	১০০
৬৫	আশার প্রভাত	১০১
৬৬	এয়োস্তি	১০২
৬৭	অক্ষয় ভালোবাসা	১০৩
৬৮	কঠিন প্রেমের ডোরে	১০৪
৬৯	দ্বিপ্রহরের সুরভি	১০৫
৭০	লতাবিতান	১০৬
৭১	বাতায়ন	১০৭
৭২	চেপে রাখা কথা	১০৮
৭৩	প্রত্যাশা	১০৯
৭৪	মহামানব	১১০
৭৫	অবশ্যম্ভাবী	১১১
৭৬	মুসকান	১১২
৭৭	মুর্শিদী	১১৩
৭৮	অবচেতন	১১৫
৭৯	উজানডিহির রাজবংশীয় জমিদার	১১৬
৮০	অপসংস্কৃতি	১১৮
৮১	অশ্রুর ব্যাকুলতা	১১৯
৮২	গহন বন	১২০
৮৩	অনামিকা	১২১
৮৪	প্রতীক্ষা	১২২

ক্রম	কবিতার নাম	পৃষ্ঠা
৮৫	ক্ষণিক সুখ	১২৫
৮৬	অনুপস্থিতির বেদনা	১২৬
৮৭	দূর সীমানায়	১২৭
৮৮	তৃষ্ণার্ত চাতক	১২৮
৮৯	স্বদেশ : দেশাত্মবোধক কবিতা	১২৯
৯০	করুণার আদালত	১৩০
৯১	নাগকেশর	১৩১
৯২	জ্ঞানালয়	১৩২
৯৩	পথিকৃত	১৩৩
৯৪	ছায়াতরু	১৩৪
৯৫	চিরন্তন মমতার আলো	১৩৫
৯৬	ঈর্ষা	১৩৬
৯৭	তারুণ্য	১৩৭
৯৮	প্রবীণ	১৩৯
৯৯	অশীতিপর বৃদ্ধ	১৪০
১০০	অন্তর্ধান	১৪১

আল্লামা বিশকুটি : আধ্যাত্মিক আলোকধারা

বিশ্বভূবনে উদীয়মান উজ্জ্বল এক নক্ষত্র,
যাঁর দীপ্তি ছুঁয়েছিলো কালের সীমারেখা-

আত্মার আলোর মশাল হাতে যিনি ডেকেছেন মানুষকে
ভালোবাসা, জ্ঞান আর তাওহীদের অনন্ত প্রভায়।
তাঁর বাণী ছিলো নির্জন অন্তরের নির্ঝরিণী,
যেখানে তৃষ্ণার্ত মন পেতো আলোর পরশ আর শান্তি।

বঙ্গভূমির আকাশ জুড়ে, জ্বলেছে যে দীপ,
আল্লামা বিশকুটি, তুমি সত্যের নক্ষত্র অনুপম রূপ।
তোমার বাণী ঝরেছে ঝর্ণার স্রোতে,
তোমার দিশা ছড়িয়েছে হৃদয়ের প্রভাতে।

তুমি শিখালে- ভালোবাসা মানবতার প্রাণ,
সত্য আর করুণাই জীবনের আসল দান।
তাওহীদের আলোয় মুছে গেলো আঁধার,
তোমার আদর্শে জাগে শান্তির অবার।

তোমার দরবারে ছিল না ভেদাভেদ প্রাচীর,
সবার জন্য ছিল সমান আলোক-নির্মল স্থির।
গরিব-ধনী, সাধারণ কিংবা অভিজাত,
তোমার দৃষ্টিতে সকলেই সমান মানবজাত।

তিনি শিখিয়েছিলেন-
অহংকার নয়, আত্মসমর্পনই ঈমানের প্রথম সোপান;
অনুজকে কর স্নেহ, অগ্রজকে সম্মান
কুসংস্কার, আমিত্ব আর মিথ্যার অন্ধকারে নয়,
সত্যের নূরেই খুঁজে নিতে হয় জীবনের মুক্তি।

তাঁর নছীহত ছিলো স্বচ্ছ ঝর্ণার মতো অবারিত
যেখানে পিপাসিত মন খুঁজে পেতো আত্মার খোরাক।
শরীয়তের ইলম, মারেফাতের আলো, হাকীকতের নূর
সৃষ্টির রহস্য উদ্ঘাটনে মেলে তাসাউফের সন্ধান।

শরীয়তের পথে চলাই সাধনার প্রথম ধাপ,
ইলমে শরীয়তের আলো দেয় মানুষ হওয়ার মর্যাদা,
এ নির্ধারিত পথেই শেখায় রবের বিধান
ন্যায়ের শৃঙ্খল, ভক্তির ভারসাম্য যেথায় আসীন।

তরীকতের পথে খুলে যায় স্মরণের দুয়ার,
যেখানে হৃদয়ের প্রতিটি স্পন্দন করে উচ্চারণ-
কান্নাও হয়ে ওঠে প্রার্থনা, লতীফায় রবের জিকির,
তরীকতের সোপান- নীরবতায় জারি রবের ধ্যান।

হাকীকতে তিনি শেখালেন-
আত্মিক আমল প্রতিফলিত হয় আত্মার দর্পনে
অহংকার মুছে যায় হাকীকতের গোপন প্রভায়
আত্মার অন্তরে জ্বলে উঠে প্রভুর নূরে।

মা'রেফতের সমুদ্র অবগাহনে আহওয়াল ও মাকামাত
প্রেমিক ও প্রিয়তম- ঘটে এক নূরের প্রতিফলন;
সেখানে শব্দ থেমে যায়, নীরবতা নিজেই হয় ইবাদত,
আত্মা বলে ওঠে- "আমি তোমারই, তোমাতেই বিলীন।

তিনি জানালেন- তাসাউফ আত্মার শুদ্ধিকরণ
তাসাউফের সুধা এ এক জাগরণ, এক প্রত্যাবর্তন-
এ যে এক বিজ্ঞান- সৃষ্টির মাঝে স্রষ্টার উপস্থাপন
মোকাশেফায় সমৃদ্ধ হয় মুফাররিদের অন্তকরণ।

শরীয়তের সোপানে শুরু আত্মার যাত্রা,
তরীকতের পথে খোলে স্মরণের দ্বার,
হাকীকতে মুছে যায় অহংকারের ধূলো,
মা'রেফাতে আত্মা পায় প্রভুর আবির্ভাব।

তুমি কেবল ইতিহাস নও, তুমি জীবন্ত উত্তরাধিকার,
যা আজও স্মরণ করায়- জাতিভেদ, দেশভাগ নহে-
ভালোবাসাই পারে ভাঙতে সীমান্ত দেওয়াল,
আর মানবতাই হলো রবের সত্য প্রতিফলন।

তোমার শিক্ষা আজও বাতিঘরের মতো দণ্ডায়মান,
আন্তর্জাতিক অঙ্গনে জানায়- সত্য, ন্যায়, করুণা
শিক্ষার আলো প্রসারে গড়েছো অজস্র শিক্ষায়তন
ইলমের নূর, প্রজ্ঞা-মেধা, বিনম্রতায় রয় সভ্যতা চিরন্তন ।

মানবতা

তৃষ্ণার্তকে জল দাও, বুভুক্ষুকে অন্ন
অসহায়কে সাহায্য কর মানবতার জন্য,
ব্যথিতকে স্বান্তনা দাও, নিরাশ্রয়কে আশ্রয়
কুসংস্কারগুলো দূর কর, আদর্শের হবে জয়।

আজকের শিশু ! পরাভব মানে না
আকাশ ছুঁতে চায়,পরাজয় মানে না,
জীবনকে বিপন্ন করে জীবনের জন্য
দেশীতে অরুচি ব্যবহারে মোহ বিদেশী পন্য।

হানাহানি-ভেদাভেদ, মানবতা বিপন্ন
অসফল হলে উঠতে, তুলো তাকে কর ধন্য ।
যেখানে বন্দীরা কাঁদে, ভাঙো শৃঙ্খল সব,
শোকাহতকে দাও আশা, করুণার তরল রাব।

কোন প্রাণে দিও না আঘাত – দাও মমতার বীজ,
নিজেকে বিলিয়ে দাও, কিছুই রাখো না স্বকীয়র শীষ।
কারণ এ ভালোবাসায় রয়েছে পবিত্র ও মুক্তির প্রান্তর,
সুনাগরিকের মাঝেই বাস করে মানবতার অন্তর।

কঠিন ভাষা বলো না, ক্রোধ হোক নিঃশেষ,
ভীতিহীন দাঁড়াও পাশে, যেখানে ভয় বিশেষ।
সীমান্ত পেরিয়ে বাড়াও হাত, সেতু করো গড়ন,
প্রতিটি ভূমিতে বপন করো আশার বীজ অগণন।

আহতকে সারাও, হারানোকে দাও সান্ত্বনা,
ভার বহন করো তুমি, যতই হোক তার মূল্য চিরকণা।
যেথায় দুঃখ বেধেঁছিল বাসা, তুলো হাসির সুর,
অশ্রু ঝরাকে রূপান্তর করো কোমল বৃষ্টির নূর।

অপরকে আপন করো, দুর্বলকে দাও আলিঙ্গন,
প্রতিটি ভাষায় ফুটুক করুণার গান।
আমরা সকলেই এক বুননে সূতার মত বাঁধা,
রাষ্ট্রের বিধি-বিধানে যেন না থাকে ধরাবাঁধা।

১৩৬৮ বাংলার ৫ই জৈষ্ঠ্য, ১৯ শে মে ১৯৬১' র ভাষা শহীদদের উদ্দেশ্যে উৎসর্গীকৃত-

আমার সত্তা

বঙ্গদেশের পাশে থাকি বাংলায় গাহি গান
বাংলায় কাঁদি আমি বাংলায় বাঁচি প্রাণ।

বাংলা আমার সকল সত্তা
বাংলা আমার অন্তরাত্মা।

বাংলায় আমি স্বপ্ন দেখি
বাংলায় আমি কাহিনী লিখি।

বাংলায় আমি গর্ব করি বাংলা মম ধ্যান
বাংলায় গানে জুড়ায় দেহ-মন-প্রাণ।

বাংলায় আমি হাসতে জানি
বাংলায় আমি মরতে চাহি।

বাংলা আমার মায়ের ভাষা
বাংলা আমার মেয়ের ভাষা।

বঙ্গদেশের মাছের ঝোল
জলের মধ্যে ভেটের ফুল।

বঙ্গনারীর অঙ্গা শোভা
খোঁপার মধ্যে চাঁপা গুঁজা।

সরোবরে শাপলা ফুল
আমবাগানে আম্রমুকুল।

জারি, শারি বাউলের গান
সিরাজ লালনের অনেক মান।

বঙ্গদেশের নকশি কাঁথা
বীর সেনানীর অমর কথা।

বাংলা কাব্য রসে ভরা
বাংলার চর পলি ভরা।

বাংলা আমার শ্বাস, বাংলা আমার ছন্দ
বাংলা আমার চিরন্তন গান, চিরন্তন বন্ধন।

চোখে জল, হাতে কলম, হৃদয়ে আগুন
বাংলা আমার সত্তা, বাংলা আমার বরণ।

বাংলার পৌষ পার্বন, বাংলার নবান্ন
সিদ্ধপুলি-পাঠীসাপ্টা, সবশেষে মিষ্টান্ন ||

নীহারিকা

রঙধনু সপ্তরঙ্গে রাঙা
তুমি যে নীহারিকা,
মানবমনে তুমি দ্বীপশিখা
তিমির প্রান্তরে আলোকবর্তিকা।

আকাশের গায়ে অসংখ্য তারা
মুক্ত এ গগনের নীচে কত গৃহহারা,
তুমি বিষন্নের খুশী
নভোনীল পানে যেন পূর্ণ শশী।

সাগর আমাকে হাতছানি দেয়
ঢেউগুলো ব্যথা কেড়ে নেয়,
সৈকত সে তো বালুচর
তব উপস্থিতি কত মনোহর।

পাহাড়ের ঐ সবুজ পাদদেশ
যেথায় আকাশ হয়েছে শেষ,
যেন পারস্যের ঐ কার্পেট সম
তব উপবেশনে ধন্য মম।

তুমি বসন্তের ফুলেল সুবাস
শীতের প্রাতে শিশির আভাস,
বসুধার কোলেতে যে প্রাণের গান
তুমি তারই অনন্ত টান।

ধূলোমলিন দিনের ভীড় ভাঙি
তুমি আসো হৃদয়ে আলোর রাঙি,
অশ্রু মুছে দাও নীরব হাতে
হাসি জাগাও অশ্রুর সাথে।

তুমি নীহারিকা - অপরূপা রূপে
মানবতা ভরে ওঠে নিত্যরূপে,
যত ক্ষণে তুমি থাকো সাথি
তত ক্ষণই জীবন জাগে গাথি।

ক্লান্ত দিনের আঁধার ভেদি
তুমি আসো প্রাণে রঙিন খেদি,
যেন ঝড় শেষে উদিত ভোর
তুমি আনে শান্তির ঘোর।

নিঃশব্দ গগনে চাঁদের হাসি
তুমি সেই প্রেমের অনন্ত আভাসি।
তুমি নীহারিকা—চিরশুভ্র ছায়া
মানবহৃদয়ে গাঁথো স্নিগ্ধ মায়া।

বাসনা

মানুষ স্বপ্ন দেখে নিদ্রায় অথবা কল্পনায়
আশা তার অনেক প্রতিষ্ঠিত হতে চায় স্ব-মহিমায়
বাস্তব বড়ই কঠিন, প্রতিটি পদক্ষেপেই বিপত্তি
ভাল কাজেও আছে কিন্তু অনেকের আপত্তি।

তবু মানুষ করে যায় অনেক প্রচেষ্টা
লক্ষ্য পথে পৌঁছতে যদিও পায় তেষ্টা
আধুনিক যুগ তাই সর্বক্ষেত্রেই প্রতিযোগিতা,
কেহই পায় না কারো কাছ থেকে কোন সহযোগিতা।

সংগ্রামে জন্ম নেয় সত্যের অগ্নিশিখা,
বিপর্যয়েই মানুষ শেখে নতুন পথের দীক্ষা।
হার না মানা প্রাণ যে লড়াইয়ে থাকে দৃঢ়,
সেই রক্তেই রচিত হয় সভ্যতার মূঢ়।

অন্ধকারে ডুবেও জ্বলে আলোর প্রদীপ,
মানবতার স্বপ্নে রাখে ভবিষ্যতের রূপ।
যতই আসুক ঝড়, ভাঙুক দুঃসহ বাঁধন,
তবু আশার অগ্নিতে গড়ে জীবনের সাধন।

সময়ের স্রোতধারা ভাসিয়ে নেয় জীবন,
তবু জেগে থাকে অন্তরে অমর আকাঙ্ক্ষার শিখন।
যে হাতে থাকে শ্রম, যে চোখে থাকে দীপ্তি,
তারই পদচিহ্নে গড়ে ওঠে আগামী ভোরের নীতি।

স্বপ্ন আর বাস্তব মেলে কখনো এক বিন্দুতে,
অটল সাহসী প্রাণই পৌঁছায় চূড়ান্ত গন্তব্যে।
মানুষ তাই এগোয়, জয় করে অজানাকে,
অদম্য শক্তি নিয়ে পৌঁছায় অনন্ত শিখরে।

প্রণয়ী

আমি ভালবাসি তাকে যে আমাকে ভালবাসে,
আমি কাছে থাকি তার,
যে আমাকে কাছে পেতে চায়।
আমি খুঁজি তারে এ বিশ্ব চরাচরে-
শহর-গ্রাম, মরু পথ আর প্রান্তরে।

চেষ্টা কিছু করেছি, হদ্দ এখনও করিনি,
পেতে পারি না ও পেতে পারি,
বেশী করে ভাবিনি।
মনের মতো পাইনি,
মনের মতো করে করে কাউকে দেখিনি।

হয়তো বা পেয়ে যাব হাতের কাছে অথবা দূরে,
হয়তো বা মিশে আছে মানুষের ভিড়ে একাকারে।
হাতখানা দেখেছিলো কোন জ্যোতিষি,
করে খুব আমেজ বললো সে—
"তোমার কিন্তু হবে ল্যাট ম্যারেজ।"

যে আসবে সে হয়তো এখনও পরিণত হয়নি,
জীবন-সংগ্রামে সংযোজিত হতে তৈরী-ই হয়নি।
হয়তো সে গড়ছে আপন ভাগ্যের আলেখ্য,
হয়তো আমিই হব তার গল্পের বিশেষ অধ্যায়।

দিন যাবে, সময় বয়ে আনবে এক নতুন দিগন্ত,
তখন মিলবে দুটি হৃদয়-
অচেনা থেকে হবে চেনা, অপর থেকে হবে আপন।
তখনই বুঝবো, কেন অপেক্ষা এত দীর্ঘ হলো,
কেন পথটি আঁকাবাঁকা, কেন সময়টি ধীরগতি চললো।

ভালোবাসা তো খুঁজে নেয় নিজস্ব পথ,
যতই আড়ালে থাকুক, ফাঁকফোকর ভেদ করে আসে।
আমি শুধু চোখ খোলা রাখবো,
হৃদয়ের দরজা অবারিত করে-
যখন সে আসবে, তার সাথে লিখবো জীবনের নতুন অধ্যায়।

জন্নত

পেরোই যদি দুনিয়ার পথ, ধূলি-ঝরা এ ভুবন,
সাজানো থাকে শান্তির বাগান, সেথায় অনন্ত জীবন।
নদী বয়ে যায় দুধ ও মধু, স্বচ্ছ জল ঝরে চারিধার,
সবুজ গাছের ছায়া তলে, রুহ পায় শান্তির অধিকার।

ফেরেশতারা স্বাগত জানায়, বলে- "সালাম, শান্তি তোমার জন্য",
সেখানে নেই শোকের রাত, নেই যে অশ্রু, নেই যে ক্ষয়।
রসূলের সাথে মিলন হবে, রবের নূরে ভরে যাবে প্রাণ,
জন্নাতের সুখ, চিরন্তন শান্তি- এ শুধু রবের দান।

দুনিয়ার পথের কষ্ট শেষে, খোদার রহমত ডাকে,
সিরাতুল মুস্তাকীমে যারা, তারা আলোয় ভাসে।
"তোমরা প্রবেশ করো শান্তির ঘরে"-ফেরেশতারা হাসে,
সালামেতে ভরে ওঠে প্রাণ, দুঃখ সব দূরে ভাসে।

চিরস্রোতে বয়ে চলে দুধ, মধু, আর নদী স্বচ্ছ,
খেজুর, আঙ্গুর, ফলের বাগান, সুখের নেই কোন শেষ।
সোনার প্রাসাদ ঝলমল করে, মুক্তা-জহরে ভরা,
তোমার জন্যই গড়া সে ঘর, রবের প্রতিশ্রুতি সরা।

সেখানে নেই ক্লান্তি-বেদনা, নেই যে অশ্রু ক্ষান্তে,
শুধু নূরের ছায়ায় মিলবে, রবের সাক্ষাৎ একান্তে।
রসূলের পাশে বসতে পারি, দৃষ্টি হবে পূর্ণ,
জন্নতের এই চিরন্তন সুখ- রবেরই দান অনুর্ণ।

ধূলির পথে যতই চলি, দুনিয়ার সবই ক্ষণিক,
সত্যের পথিক যারা হলো, জন্নাত তাদেরই ঠিক।
ফেরেশতারা ডাকবে হেসে- "সালাম, শান্তি নাও",
রবের রহমতের ছায়াতলে চিরসুখ খুঁজে পাও।

মধু-দুধের নদী বয়ে যায়, ঝরনার স্বচ্ছ ধারা,
ফলের বাগান, সোনার প্রাসাদ- কতই অপরূপ তারা।
নেই যে দুঃখ, নেই যে শোক, নেই কোনো মরণভয়,
আল্লাহর নূরে ভরে যাবে, রুহের অন্তরময়।

রসূলের পাশে বসার সুখ, সে তো অনন্ত আশ,
জন্নাতের সেই শান্তির ঘর- রবেরই দান সুবাস।
দুনিয়ার আঁধার শেষে খুলবে নূরের দ্বার,
ফেরেশতারা বলবে হেসে- "সালাম, শান্তি তোমার।"

সোনার প্রাসাদ, মুক্তার ছাদ, ঝলমল নূরের আলো,
রবের রহমতে ফুটে ওঠে চিরসুখের ভালো।
দুধ-মধুর নদী বয়ে যায়, সুগন্ধি পানির ধারা,
চিরবসন্তের বাগানভূমি, নেই যে ক্ষয়-হারা।

আঙ্গুর-খেজুর, লতায় ফল, সুমিষ্ট স্বাদে ভরা,
যতই খাও, ততই বাড়ে, নেই কখনও ক্ষরা।
কাওসারের হাওজ থেকে নবী দিবেন পান,
যার এক ফোঁটাতেই মিটে যাবে, তৃষ্ণা শত প্রাণ।

নেই যে শোক, নেই যে মৃত্যু, নেই কোন ভয়-আঘাত,
চিরকালীন আনন্দভূমি, রবের প্রতিশ্রুত সাথ।
সবচেয়ে বড় সুখের খোঁজ- রবের দর্শন !
নূরের নূর সেই মিলনে পাবে অন্তহীন জীবন।

জন্নত কেবল ফুলের বাগান, নদীর মধুর ধারা নয়,
এ এক নূরের অন্তর যাত্রা, যেখানে ভয় আর শোকের নয়।
অনন্ত সুখের প্রতিশ্রুতি- সবই তো দানের নিদর্শন,
কিন্তু আসল রত্ন লুকিয়ে আছে, রবেরই দর্শন।

যখন পর্দা উঠবে সেদিন, ঝলমল করবে নূরের আলো,
প্রেমিক রূহ হারাবে দিশা, মুছে যাবে সবই কালো।
সিরাতের সেতু পেরিয়ে শেষে, মিলবে সেই স্বাদ,
"আমি রব তোমাদের সাথে"- শুনবে সেই কাঙ্ক্ষিত আওয়াজ!

যে হৃদয় দুনিয়ায় খুঁজে ফিরেছে শুধু তার সান্নিধ্য,
জন্নত তার কাছে হবে রবের নূরে পূর্ণ আনন্দ।
সেখানে নেই বিচ্ছেদের হাহাকার, নেই মৃত্যু, নেই ক্ষয়,
শুধু প্রিয়তমের মিলন, চিরন্তন প্রেমময়।

শেষ দেখা

তুমি দাঁড়িয়ে আছো আমার পাশে,
আমি বসে আছি তব কাছে।
তুমি থারিয়ে থারিয়ে দেখছ আমাকে,
আমার নয়নের ভূরুকে।

ভাবছি মনে মনে কেন জানি দেখছ আমায়,
আমার অঙ্গনে ধরে রাখতে পারব না তোমায়।
ক্ষণিকের জন্য হলেও দু'জন-দু'জনার,
ক্ষণিক শেষে দুইজন দুইপার।

প্ল্যাটফর্ম খানা ভীষণ লম্বা,
লম্বা তার চৌহদ্দি।
পূর্ব প্রান্তে অতিথি নিবাস,
সমুখেতে তার ফুলের সুবাস।

আমার নয়নে নয়ন রেখে,
কি হবে লাভ শুধু দেখে, প্রিয় ?
এ দেখা যে শেষ দেখা-
তাই চারিদিক লাগছে ফাঁকা।

ঘণ্টাধ্বনি উঠলো হঠাৎ,
রেলগাড়ি ছুটলো গর্জন তাতে।
অশ্রু জমে উঠলো চোখের কিনারে,
বিদায়ের স্রোত বইলো অন্তরে।

তুমি গেলে দূরে, রইলে মেঘ হয়ে,
আমি রইলাম প্রান্তরে একা হয়ে।
তোমার পায়ের শব্দ মিশলো ধ্বনিতে,
আমার হৃদয় ডুবলো নীরব অশ্রু স্রোতধারাতে।

যতদূর গেলেও, মনে রেখো তুমি-
এই চোখে তুমি আঁকা অনন্ত ভুবনভূমি।
যদি আর না মেলে পথের মোড়ে,
তবু স্বপ্নে থেকো, হৃদয়ের অন্তঃকোণে।

শেষ দেখা যদি হয়ও এ জীবনে,
আবার মিলন হোক কোন অনন্ত গগনে।
মৃত্যুর ওপারেও থাকুক এই বাঁধন,
তুমি আর আমি- অবিরাম এক অনুরণন।

শ্রেয়সী

তুমি আকাশ, তুমি পাতাল,
আমি উতাল, আমি উদাস কাল।

তুমি সূচনা, তুমি সমাপ্ত,
আমি বিভ্রান্ত, আমি আনমনা অন্তরান্ত।

তুমি স্বপ্ন, তুমি স্বর্ণ,
আমি জীর্ণ, আমি শীর্ণ।

তুমি বর্ণময়, তুমি প্রাণবন্ত,
আমি বিবর্ণ, আমি ক্লান্ত।

তুমি সুন্দর, তুমি স্বচ্ছ,
আমি কুৎসিত, আমি ম্লেচ্ছ।

তুমি বিনয়ী, তুমি বিদূষী,
আমি বিব্রত, আমি বিষণ্ণ, নিঃসঙ্গ নিরাশী।

তুমি সুর, তুমি সঙ্গীত,
আমি বেসুরো, আমি অনভ্যস্ত গীত।

তুমি নদী, তুমি তরঙ্গ,
আমি শুষ্ক, আমি অনুরঙ্গ।

তুমি পূর্ণিমা, তুমি দীপ্ত আলো,
আমি অমাবস্যা, অন্ধকারে ঢালো।

তুমি গ্রীষ্মের বৃষ্টি, শীতের উষ্ণতা,
আমি শুকনো মরুভূমি, অনন্ত শূন্যতা।

তুমি আশা, তুমি আগামীর ডাক,
আমি পরাজয়, আমি নির্জন শূন্য ফাঁক।
তুমি মহিমায় ভরা শশী আভা,
এক শাশ্বত দীপশিখা

মাঝি

আমি খেয়াপারের মাঝি
লোক পারাপারে আমাকে থাকতে হবে রাজি,
আধুটু খাই, একটু ঘুমাই
লোক আসলে নৌকো ভাসাই।

নদীর এপারে চর ওপার ভাঙ্গা
মোহনার বাকে বসে মাছরাঙা
কত কি যে ভেসে যায়
তাই দেখে জীবন চলে যায়।

প্রভাতটা বড়ই সুন্দর
দুপুরেতে চড়া রোদ
বিকেলটা অতি মনোহর
নিশীথটা অদ্ভুত।

নদীর স্রোতে ভেসে যায় জীবন,
কত স্বপ্ন আর কত আশা।
বেলাভোর হাওয়া লাগে কনকনে,
পথিকের চোখে অজানা দিগন্ত ঝরে।

কত মৃত্যু, কত বেদনা, কত আনন্দ,
সব ভেসে যায় নদীর ঢেউয়ের আঁচলে।
আমি মাঝি, নদীর গল্পের বুকে,
স্মৃতির নৌকা নিয়ে অজানার খোঁজে।

আমি শুধুই একজন মাঝি
নদী যেন চিরন্তন স্মৃতিকথা,
প্রতিটি ঢেউয়ে লেখা জীবনের গল্প,
প্রতিফলনে কত শত ছোটস্বপ্ন।

আমার আনন্দ, আমার হতাশা
আমার নীরবতা আর চুপচাপ আশা।
নৌকা আমার হাতের ছায়া,
স্রোত আমার পথের গান।

বৃক্ষের ছায়া, মাছের খেলা, পাখির গান-
সবই নদীর কথোপকথন।
আমি মাঝি, তার শ্রোতা,
নীরব সাক্ষী, নহি ত্রাতা।

নদীর শেষ কোথায়, খেয়ালে ভাবনাতে
কিন্তু ভেসে যেতে চাই অলীক কল্পনাতে,
প্রত্যেক ঢেউয়ের সাথে নতুন স্বপ্ন বুনতে,
অজানার পথে- নিঃশেষে, মুক্তি খুঁজতে।

শরতের নদী বড়ই শান্ত
জলধারা নহে অফুরন্ত
বর্ষার নদী বাধভাঙ্গা জল
অপ্রতিরোধ্য দুর্বার সলিল।

শীতের নদী কুয়াশায় ঢাকা
ভাসাভাসা ভাবে রবির দেখা
বৈতরণীখানা অনেক বড় - বড় তার দেহ
রুক্ষ; জীর্ন; শীর্ণ মাঝি, সহযোগী নাহি মোর কেহ ।

ঋতুর রূপকথা

শরৎ বড়ই সুন্দর,
বসন্ত তার চেয়ে আরও।
বসন্ত সে তো প্রাণবন্ত,
যুবকের মন আজ উড়ন্ত।

শীত সে তো কুয়াশায় ঢাকা,
অশীতিপর বৃদ্ধের ক্ষয়িষ্ণু কাল।
সর্বাঙ্গ উষ্ণাভরণতলে রাখা,
কিশোরের স্নানে আপত্তিময় শীতকাটা গাল।

শীতের গমণে বসন্তের আগমন,
গাছ-গাছালিতে বিহঙ্গের কলরব।
সরোবরপারে তালবৃক্ষের গোড়ায়,
প্রেমিকার গুঞ্জন ।

গ্রীষ্ম এলো প্রখর রোদে,
যেন তরুণের অগ্নি রক্তোদ্দীপ্ত কোলে।
ঘামে ভেজা মাঠে কৃষকের ঘাম,
তবু ধানের শীষে আশার গান।

বর্ষা এলো বাজ-ঝলকে,
মেঘের গর্জন সাগর-ঢেউকে।
ধরণী ভিজে সবুজ রঙ্গে,
যেন কিশোরীর চোখে নতুন স্বপ্ন জাগে।

শরৎ এল শুভ্র কাশফুল হাতে,
প্রণয়ের গোপন বার্তা পাঠাতে।
বসন্ত এল ফুলের বুকে রঙের হিল্লোলে,
প্রকৃতির কণ্ঠে আনন্দের রোল।

এই চার ঋতু—
জীবনের চার অধ্যায়ের প্রতিচ্ছবি।
শৈশব, যৌবন, প্রৌঢ় আর বার্ধক্য-
সব মিলেই গড়ে ওঠে মানুষের রূপকথা।

প্রকৃতির মতোই জীবনও বদলায়,
মিলন–বিরহ, হাসি–কান্নায়।
ঋতুর এ রূপকথা তাই চিরন্তন,
যেমন ধরণী, তেমনই মানব-জনন।

যৌবন

যৌবন এক ধরনের পাগলামী,
আর কাহারা জানি শয়তানের অনুচর-
এ যে নেশাবিহীন মাতলামী, বাদুরেরা নিশাচর।

জীবনের স্বপ্নীল দিনগুলো,
ফেলে আসা সুখময় ক্ষণগুলো-
যেদিন চলে গেছে, সেদিন আসবে না।
সুদিনের আশায় বসে থাকব না।

যৌবন কত রঙে রাঙা,
তুলনায় কৈশোর তার চেয়েও চাঙা।
যুবকের রঙিন চোখ- অপরূপ দেখছে ভূলোক।

কবিতার ছন্দে কথা বলে তারা,
গানের কথায় গুনগুনিয়ে চলে তারা।
সময় তাদেরকে কবি করে, কবি হয় তারা ভাবাবেগে।
উদার হৃদয়ে পরোপকার করে, ঝড়-বাদল আর অঝোর মেঘে।

যৌবনের অগ্নি-শিখা- স্বপ্নের প্রদীপ জ্বালে,
আঁধারের বুক চিরে আলোয় সাজায় নতুন ভুবনকে।
কখনো তা বিদ্রোহের মন্ত্র, কখনো তা প্রেমের গান,
কখনো তা মুক্তির শপথ, কখনো তা স্রোতের টান।

এ বয়সে অস্থির নদীর মতো বয়ে যায় প্রাণের সুর,
আশার ডানায় উড়ে চলে- অজানার নীল নকশায় ভরপুর।
তবু এ ক্ষণিকের ঝড়, ক্ষণিকের উচ্ছ্বাস-
ধরে রাখতে চায় মন, যায় সে ফসকে নিঃশ্বাসে নিঃশ্বাস।

যৌবন তাই দোদুল্যমান, দীপ্তি ও ধ্বংসের মাঝখানে,
হৃদয়কে শেখায় ভালোবাসতে, আবার কাঁদায় বিরহে অশ্রুবর্ষণে।
কখনো সে স্রষ্টা-ভক্তির অনলে পবিত্র হয়,
কখনো দুনিয়ার প্রলোভনে হারিয়ে যায়।

কিন্তু এ-ই তো জীবনের শক্তি, বেঁচে থাকার তন্ত্র,
যৌবনের জোয়ারেই মানুষ গড়ে তোলে ইতিহাসের কেন্দ্র।
যতক্ষণ শিরায় রক্তে আগুন বয়,
ততক্ষণ মানুষ অমর কীর্তি গড়ে, জয় ছিনিয়ে আনতে ভয় না করে।

জীবন

পাহাড় থেকে ঝরণাধারায় প্রবাহিত হয়ে
বিশাল সরোবর নদী মৃত্তিকার মধ্য দিয়ে সমুদ্র; সাগর,
মহাসাগরে বিলীন হলাম, কোথা থেকে কোথায় এলাম
কতকিছু গায়ে মেখে নিলাম।

কতজন আমাকে পথে তুলে নিলো,
কতজন কতকিছু আমাতে ঢেলে দিলো,
আমি নির্বিকার চিত্তে সব কিছু মেনে নিলাম।
অনেককে জীবন দিলাম, অনেকের ছিনিয়ে নিলাম।

আমার কি দোষ ?
কেন তারা আমাতে অবগাহন করে,
কেনই বা আমাকে নিয়ে মেতে উঠে।
আমার বুকের উপর দিয়ে সেতু বেঁধেছে,
যন্ত্রদানব হাঁকিয়ে যত্রতত্র বিচরণ-করছে।

আমার চলার পথে আমার ব্যাপ্তি –
আমার পরিসরকে আটোসাটো করে,
আমার আঁচলকে শষ্যক্ষেত্র করে
আমাকে কেন তারা বিব্রত করে

আমি কি এর প্রতিবাদ করতে পারিনা !
আমার নাম দিয়েছে তারা জীবন,
আমাতে রঙ মিশিয়ে হোলিতে মগন।

সাত-সমুদ্র, তেরো নদী সর্বত্র সহাবস্থান,
অনেক বাধা বিপত্তি পেরিয়ে
অবশেষে স্বস্থানে প্রস্থান।

প্রথম প্রেম

আমি জানি তুমি আসবেনা, তব মন যে আসতে চায়না।
আমি তো তোমাকে প্রতারিত করিনি,
তব জীবন নিয়ে ছিনিমিনি খেলিনি।

তুমি চলে গেলে নিয়ে গেলে প্রীতি,
রেখে গেলে কিছু বিষাদ কিছু স্মৃতি।
বিমর্ষ বিহঙ্গের উদ্দেশ্যহীন বিচরণ,
তব ভাব-লেশহীন উদাসীন আচরণ।

করিনি অভিমান, রচিনি ইতিহাস,
এ যে নিয়তির নির্মম পরিহাস।
সেভানের তীরে হেঁটেছিলাম দু'জন,
ভাবতেও পারিনি জীবনে আসবে উলজন।

যা হবার তা হয়ে গেছে, তবে আর অভিমান কেন মিছে।
জীবনে চলার পথে কত যায় কত আসে,
কত কাঁদে আর কত যে হাসে।

বেদনাটা যদি গান হত, তবে বেঁধে রাখতাম সুরে আর স্বরে,
শুনতাম ভোরবেলার কাগজে লেখা তোমার ছোট ছোট কথা।
বুকের নিচে জমে থাকা অদৃশ্য করুণ আকুতি ভরে,
হাসির আভা ফেলে দিলেও মুছাতে না যাওয়া পাতা।

যৌবনের রঙ কেটে গেলে বাঁচে কি শুধু রঙিন স্মৃতি ?
নাহ — আসে একুশে বেলার নীরবতা, করে মন হিমশীতল।
তবু কোনো পথে কখনো দেখিলে ছায়া নিশুতি ভীতি,
ভেবে নেব চুপচাপ- এটাই ছিল চূড়ান্ত পর্যালোচন।

তুমি গেলে কতো শব্দ ফুরায়, কতো নাম-উপদ্রব নেই-
বলে দিলো কেবল চুপ, রেখে গেলো নীরব একরাশ গোপন।
আমি পথ চলি, গুনে গুনে দিন গুনে চলে যায়,
তবু তোমার বৃত্ত বিহীন ছাপ কেবল মুছতে পারে না কোন বন।

আজও কখনো কাঁধে নেমে আসে আগের সে হাওয়া,
মনে পড়ে ছন্দ আসে সেভান তীরে তব অবগাহনে।
জীবনের পথে আসে যায় অনেক অচেনা ছায়া,
তবু প্রথম প্রেমের উদ্দীপনা স্মৃতির অবচেতনে।

শাহজাদী

আমি চেয়ে আছি উদাস নয়নে
শূন্যে; মহাশূন্যে; নভোনীল পানে।
নিশ্চয় বসে আছো দখিনের ব্যালকোনিতে
আমা থেকে অনেক দূরে- আমার কল্পনাতে।
আমি ফিরে গেছি প্যাভিলিয়নে
স্বপ্নের রঙীন মুক্তাঙ্গনে।

আমার কথা ভেবো না -
তব হৃদয়মাঝে আমাকে রেখোনা।
আমি এখন একা, বড়ই একা
পৃথিবীর সব নদীগুলো চলে আঁকাবাঁকা।

তুমি চলে গেছো দূরে; বহুদুরে- সংযোজিত হয়ে,
সাথে নিয়ে জীবনের সুর; তাল আর লয়ে।
আমি শান্ত, আমি প্রশান্ত, আমি আশাবাদী,
তুমি সেখানেই থাকো- থেকো যেন হয়ে শাহ্জাদী !

আশিয়ানা

তুমি সুন্দর- সুন্দরের গুণগ্রাহী,
তুমি আনন্দের নূরের অন্তর্জয়ী।

আমার জীবনের আশিয়ানা তুমি,
আমার জীবনের সকল মুন্সিয়ানার পেছনে তুমি।
তুমি প্রিয়দর্শিনী; তুমি যে সঞ্জীবনী,
তব মুক্ত ধ্যান-ধারণায় তীরে ভিড়েছে তরণী।

রয়েছে তোমার অফুরন্ত ব্যক্তিত্বের ফল্গুধারা,
উদ্ভাসিত হয়েছি আমি স্বজন হারা।
ভূল বোঝেছে সবাই, বোঝনিকো তুমি,
তব অনিমেষ ভালবাসায় প্রাণ পেয়েছি আমি।

জীবনের প্রতিটি কর্মাণ্ডের অন্তরালে তুমি
বহমান আছে তোমার অফুরন্ত ব্যক্তিত্বের ফল্গুধারা;
সে স্রোতে ভেসেই আমি উদ্ভাসিত হয়েছি-
স্বজনহারা রাতের অন্ধকারেও খুঁজেছি আলোকধারা।

ভুল বোঝেছে সকলে, অথচ তুমি বোঝোনি ভুল,
তোমার অনিমেষ স্নেহে প্রাণ পেয়েছি আমি।
তুমি শুধু প্রিয়দর্শিনী নও, তুমি সঞ্জীবনী-
তোমার মুক্ত ধ্যান-ধারণায়,
মনের তরণী ভিড়েছে নিত্য শান্তির তীরে।

তুমি যে শক্তি, তুমি যে আলো,
তুমি আমার দুঃখের মরুতে শিশিরবিন্দু,
তোমার সাহসেই শিখেছি হার মানতে নয়-
বরং উঠতে বারবার, স্বপ্নকে করতে জয়।

তুমি শোনো না কোলাহল, শোনো মনের বাণী,
অন্যের ব্যথা তুমি করো আপন প্রাণে টানি।
আমার নিঃশব্দ হাহাকার, আমার নিঃসঙ্গ ব্যথা-
সবাই ফেলে গেছে, কেবল তুমি দিলে ব্যাখা।

তোমার দৃষ্টির কোমলতায় ভেসেছি আমি নিরন্তর,
তোমার অমলিন হাসিতে পেয়েছি জীবনের অন্তর।
তুমি আমার প্রেরণা, আমার পথের প্রদীপ,
তুমি ছাড়া এ জীবন হতো অর্থহীন, নিঃস্ব, শূন্য রূপ।

তুমি আমার শেকড়, তুমি আমার ডানা,
তোমার ছায়ায় দাঁড়িয়েই গড়েছি স্বপ্নের খিলান।
তুমি আছো বলেই আমি আছি দৃঢ় ও অটল,
তুমি আছো বলেই হৃদয় আমার হয় স্বর্ণকমল।

তুমি সেই সকাল, যে রাতের অন্ধকার চিরে আসে,
তুমি সেই বৃষ্টি, যে তৃষ্ণার্ত মাটিকে সজীব করে হাসে।
তুমি ভোররাতের শুকতারা, তুমি আমার প্রাণের দিশা,
তুমি ছাড়া আমার পৃথিবী শুধুই অন্ধকারের নিশা।

হে আশিয়ানা,
তুমি সেই সমুদ্র, যেখানে মিলায় আমার স্রোত,
তুমি সেই ধ্রুবতারা, যে পথ দেখায় প্রতিরাত।
তুমি আমার নিঃসঙ্গতার অন্তরঙ্গ সাথি,
তুমি আমার শোণিত প্রবাহে বয়ে চলা নীরব বাসনা।

হে আশিয়ানা,
তুমি আমার জিহ্বায় উচ্চারিত জিকির,
তুমি আমার হৃদয়ে স্থির ধ্যানের আলো,
তুমি আমার নিঃশ্বাসে লুকানো নাম,
তুমি ছাড়া জীবন শুধুই মরুভূমি।

তুমি ভালোবাসা, তুমি করুণা, তুমি শাশ্বত দয়া,
তুমি আমার ক্ষুধার অন্ন, তৃষ্ণার জলে ছায়া।
তুমি সেই চিরন্তন আসমানি কিরণ,
যার ছায়ায় পাই আমি সত্যের আশ্রয়-নির্মাণ।

আমি যতই ভাঙি, ততই তুমি গড়ো আমায়,
আমি যতই দূরে যাই, ততই টেনে আনো তোমায়।
তুমি আমার প্রথম অশ্রু, শেষ নিঃশ্বাস,
তুমি ছাড়া নেই কোনো বাঁচা, নেই কোনো আকাশ।

হে আশিয়ানা,
আমার প্রতিটি যাত্রার শুরু ও শেষ-
তুমি, শুধু তুমি, কেবল তুমি।

সীমারেখা

তুমি সাগর, আমি নদী-
শত আঁকাবাঁকা পথ পেরিয়ে
আমি মিলিব তোমাতে।

তুমি আকাশ, আমি বিহঙ্গ,
সহস্র যোজন উড়ো উড়ি করে
আমি মিলিব তব সীমারেখাতে।

আমার জীবনে তুমি খাদ্যপ্রাণ,
নিযুত সমস্যার তুমি যে সমাধান।
তব সান্নিধ্যে থেমেছে সমর,
তব পরশে আমি হয়েছি অমর।

তুমি জীবন দিয়ে জীবনকে দেখেছো,
আমি বেঁচে আছি তব মহিমায়।
চেয়ে থাকি সুদূর-
যতখানি দেখা যায়।

বালুময় ধূ ধূ মাঠ- মরুভূমি মনে হয়।
তব মেঘমালা ছুঁয়ে আসে, দাবদাহে বৃষ্টির স্বপ্ন বোনে।
শূন্যতার বুকে তুমি আলোর রেখা,
দাহন মুছে দাও পরশে।

তুমি সেই দিগন্ত-
যেখানে দিন মিশে যায় রাত্রির কোলে,
তুমি সেই অনন্ত-
যেখানে প্রেম খুঁজে পায় অবিনাশী রূপ।

আমি নদী, তব স্রোতে নিজেকে বিলাই,
আমি বিহঙ্গ, তব আকাশে গেয়ে যাই।
যতক্ষণ সীমারেখা ডাকে
আমি ছুটে আসি তোমারই কাছে।

তুমি দিগন্ত- দিনের শেষে রাতের কোলে,
তুমি অনন্ত- প্রেম খুঁজে পায় যেথায় অবিকল রূপে।
আমি নদী- তোমার স্রোতে বিলাই,
আমি বিহঙ্গ- তোমার আকাশে গান গাই।

জীবনের সীমারেখা ভেদ করে শেষে
অবশেষে মিশিব তোমারই অনন্তরূপে।

নকশিকাঁথা

জীবনকে নিয়ে যত কথা,
মরণেতে আছে শত ব্যথা।
জীবন- সে তো আশার নকশিকাঁথা,
জীবন- সে তো বাঁচার মত ভয়াবহতা।

আমি দেখেছি অনেক দেখা,
দেখি নাই কতেক অদেখা।
অতীতের স্মৃতিগুলো বড়ই মধুর,
অনাগত ভবিষ্যৎ কল্পনাবিভূর।

কতজন কতকথা শুনিয়েছে আমায়,
কতজন কতস্বপ্ন দেখিয়েছে আমায়।
প্রিয়জনেরা শুধুই ভাবিয়েছে,
দুর্বলতার সুযোগ তারা ভালমতোই নিয়েছে।

দীর্ঘশ্বাস- সেটুকুই শেষ ভরসা,
হয়তো সে নিয়ে বাঁধে নতুন আশা।
সুস্থ আছি, সুখেই আছি-
আপনাকে নিয়ে, আপনার মতই আছি।

নকশিকাঁথার সূতা- কখনো ঝলসে সোনালি,
কখনো ম্লান, কখনো আবার অমলিননি।
প্রতিটি ধোঁয়া, প্রতিটি আঘাত,
বোনা হয় নীরব ভালোবাসার নকশিস্পর্শে।

চোখের কোণে জমে থাকা অল্প আলো,
হাসির দিনে বপন করে নতুন সম্ভাবনা।
যন্ত্রণার মাঝেই গড়ে ওঠে ধৈর্যের বীজ,
অপেক্ষার রাতে জাগে আস্থার শীষ।

জীবন সে তো জীবনের নকশিকাঁথা-
প্রতিটি সূতায় বুনন হয় স্মৃতির লালিতগাঁথা।
ঘাত-প্রতিঘাত কত ঝড়, কত ঝঞ্ঝা,
তার মাঝেও লুকিয়ে আছে প্রাণের স্বর্ণরেখা।

মরিচীকা

আমার নেই যে কোন ঠিকানা
আমি চাই না ঠাঁই-ঠিকানা
আমি ভবঘুরে আমি উদাসীন
হয়তো বা চলে যেতে পারি গণচীন।

আমি জীবন্ত আমি প্রাণবন্ত
আমি মরণশীল আমি উড়ন্ত
আমি মরিচীকা আমি ফুজিয়ামা
আমি দ্বীপশিখা আমি পানামা।

আমি সমুদ্র আমি নাবিকহীন জলযান,
আমি পথিক মম সফর সীমাহীন,
আমি পবন আমি ঝড়ের ঢেউ,
আমি মহীধর আমি সুউচ্চ শৃঙ্গ।

আমি একাকী আমি বহমান,
আমি গোধূলি আমি অবিরাম।
আমি রক্তিম সূর্যের আলো,
আমি গহন রাত্রির জ্বালা।

আমি পর্বত আমি হিমালয়,
আমি ছায়া আমি নয়নজয়,
আমি নদী আমি খরস্রোতা,
আমি আগুন আমি নির্ভীকতা।

আমি সুর আমি ঐকতান
আমি আঁধার আমি শূন্য প্রাণ,
আমি মরুভূমির মরীচিকা,
আমি ভালোবাসার প্রতিচ্ছবি।

আমি স্বপ্ন, আমি অনাকাঙ্ক্ষিত চাওয়া,
আমি চির-অজানা যতসব না পাওয়া।
আমি হেরার যামিনীর নিস্তব্ধতা
আমি বদরের প্রভাতের বিজয় দামামা।

বিপন্ন

ভারতবর্ষ মোর দেশ- আজি বিপন্ন সর্ব কেশ।
অবাধ স্বাধীনতা, বিশেষ অধিকার
হচ্ছে আকচার ক্ষমতার অপব্যবহার।

লাগামহীন দুর্নীতি; পুকুরচুরি রাঘব কেলেঙ্কারী,
কি হচ্ছে না, সব হচ্ছে
আমলা-নেতার যোগসাজশে।

মোরা ধার ধারিনা শৃঙ্খলাবর্তিতার,
নিম্নমানুবর্তিতা--সময়ানুবর্তিতার।
যতই চলি মোরা স্বজনপ্রীতির টানে,
ততই হারাই মোরা আদর্শ মানে।

যুবকের স্বপ্ন ভাঙে প্রতিদিন,
কৃষকের ঘরে লাগে অশনি-দিন।
শিল্প, বাণিজ্যে মিথ্যার জয়ধ্বনি,
ন্যায়বিচারও হয় রণভূমির খনি।

ভোটের রাজনীতি ভণ্ডামির খেলা,
সিংহাসনে বসে মিথ্যা বেচে মেলা।
কোটি কোটি মানুষ খুঁজে এক আশ্রয়,
পথ দেখাবে কে? সত্য আজ নিরাশ্রয়।

মোরা আজ বিভ্রান্ত, পথে পথে ক্ষয়,
মাত্র দশটি বছর সামরিক শাসন !
সোজা হয়ে যাবে জাতির মেরুদণ্ড,
হয়ে যাবে ঠিক মুখোশধারী যত ভন্ড।

তবু আশা আছে, রক্তে আছে আগুন,
জাগ্রত হলে জাতি ভাঙবে যত বাঁধন।
শিক্ষার আলো ছড়াক ঘরে ঘরে,
সত্যের শপথ হোক প্রাণে প্রাণে ধরে।

জনতার শক্তি যদি হয় একত্র,
দুর্নীতির ঘর ভেঙে যাবে চূর্ণভ্রষ্ট।
হে ভারত মোর দেশ, জাগো নবতর,
আবার গড়ো তুমি গৌরবের ইতিহাসের।

শ্রমে, প্রেমে, বিশ্বাসে জ্বালো আলোর প্রদীপ,
মুক্ত করো জনতার হৃদয়ের না পাওয়ার বিলাপ।
অপশক্তি ভাঙুক, দূর হোক অন্ধকার,
ভারত হোক আবার অমর আলোকধার।

প্রকৃতির হাহাকার

এ চন্দ্র, এ সূর্য, এ গ্রহ, এ তারা,
এ আকাশ, এ বাতাস, এ সাগর, এ ধারা—
প্রকৃতি আমাদিগকে দিয়েছে অনেক উপহার,
বিনিময়ে আমরা করেছি তার কতটুকু উপকার।

কাগজে পত্রে করেছি মোরা কত বনানী করণ,
কাজের কাজ কিছুই হয়নি, শুধুই গেরুয়াকরণ।
অক্সিজেনের মাত্রা কমেছে, বেড়েছে অন্য উপাদান,
উদ্ভিদের পরিবর্তে অযথা ভাবছি অন্য সমাধান।

ভেজাল খেয়ে খেয়ে যকৃত করেছে খারাপ,
ভাল কিছু হজম হয়না, মন্দেতে ছয়লাপ।
অতিথি পাখীরা আসতে চায়না মানবের ব্যবহারে,
পর্যটকেরা আসতে চায়না জঙ্গীদের অনাচারে।

হে মানুষ, আর কতদিন করবে অমানবিক অত্যাচার?
প্রকৃতি যদি রুষ্ট হয়, মুছে যাবে সভ্যতার সব আঁকার।
ফিরো আবার সবুজের ডাকে, ফিরো সততার পথে,
মানুষ ও প্রকৃতির মিলন ঘটুক, নতুন পৃথিবীর খোঁজে।

চলো গাছ লাগাই প্রাণের টানে, ফিরাই হারানো বন,
নদীর তীরে ফুটুক ফুল, জেগে উঠুক ধরণী-মন।
আকাশে ভাসুক ধোঁয়াহীন সকাল, শিশিরে ঝলমল হোক ঘাস,
প্রকৃতির কোলে ফিরুক প্রাণ, মুছে যাক কালো সর্বনাশ।

ভালোবাসায় বাঁধি ধরা, রাখি হৃদয়ে তার স্থান,
সবুজ হোক প্রতিটি প্রাণে, জেগে উঠুক নতুন প্রাণ।
মানব যদি চায় মুক্তি ও শান্তি একসাথে খুঁজে,
প্রকৃতির কোলে ফিরুক সে— সৃষ্টির চিরসত্যে মিশে

উপত্যকার মাঠে

আমার উপত্যকার সোনালি মাঠে,
যেখানে পাকা ধান গানে দুলে ওঠে,
কৃষক চলে দৃঢ় পদক্ষেপে,
তাদের ছায়া লম্বা হয়ে মাটিতে লুটে।

সাঁঝের হাওয়া সাজায় উপত্যকা,
মাটির গন্ধে ভরে বৃষ্টির সুরভি,
জোনাকি ধাওয়া করে শিশুদের দল,
তাদের হাসি প্রতিধ্বনিত সমতলভূমি।

কিন্তু যখন জুলাইয়ের ঝড় জাগে,
আর কালো আকাশ গর্জনে ভরে যায়,
ভাই, আমি সাহস করি না মাড়াতে ক্ষেতে—
কাঁপা মাটির বুকে তখন পা ফেলি না তাই।

কারণ জীবন নামের ক্ষেতও ভঙ্গুর,
যখন সন্দেহের মেঘে ঝড় ওঠে ঘিরে;
বিশ্বাসহীন, দৃঢ় হাত ছাড়া-
কীভাবে ফসল তোলা যায় বছর বছর ধরে?

তবুও ভোরে আসে নতুন রোদ্দুর,
ধানের শিষে জেগে ওঠে সোনালি আলো,
পাখির কূজন ডাকে আশ্বাস দিয়ে—
"ভয় করো না, আবার হবে ফসলের পালা।"

যতদিন হৃদয়ে আশা থাকে জাগ্রত,
ততদিন ঝড়ও ভাঙতে পারে না মন;
বিশ্বাস আর শ্রমের দৃঢ় সমবায়ে
মানবের ক্ষেত থাকবে চির অনন্ত।

আমার শহর

কুশিয়ারার তীরঘেষা আমার শহর
নদীতীরে রাজবাংলো, ডাকবাংলো, শহীদ মিনার
সিলেটের মহকুমা ছিল, ছিল খ্যাতি বেসুমার।

শম্ভূ, কৈলাশ, রমনী, আহ্লাদ
চারিটি সাগরের জল, একই তার স্বাদ
শান্ত, প্রশান্ত, মনোরম এই প্রান্তিক
স্নিগ্ধ আকাশ--সুশোভিত চারিদিক।

মুসলিম-হিন্দু-খ্রীষ্টান-হরিজন
সংহতি, সম্প্রীতি, সহমর্মিতার অবগাহন
মসজিদ-মন্দির-চার্চের অবস্থান
ধনী-নির্ধন মাঝে নাহিক ব্যবধান।

বকুল, কদম, কৃষ্ণচূড়ার রঙে,
প্রকৃতি সাজায় শহরকে অপরূপ ঢঙে।
চায়ের দোকানে রাজনীতি আর কবিতা,
সুরে আর স্বরে ভেসে যায় স্মৃতিমালা।

শিশুরা ছুটে যায় শিক্ষায়তনের পথে
পাঠশালার ঘণ্টাধ্বনি বাজে সাথে সাথে
শিক্ষার আলো ছড়ায় প্রতিটি ঘরে
স্বপ্ন জাগে তরুণ হৃদয়ের অন্তরে।

বাজারের কোলাহল, চায়ের দোকান
আড্ডায় বেজে ওঠে ভাটিয়ালি গান
মায়ার টানে ভেসে যায় হৃদয়খানি
আমার শহর--বাংলার ছবি অনন্তকাল ধরে জানি।

কুশিয়ারার ঢেউ বয়ে আনে গল্প,
বণিকের পসরা আর কৃষকের কলতান।
মাটি ভিজে রয়েছে রক্তে আর ঘামে,
আমার শহর বাঁচে মানুষের নামে।

ঐতিহ্যের শহর, শিক্ষা-সংগ্রামের ঘাঁটি,
তরুণেরা লিখেছে ইতিহাসের পাঁতি।
ভাষার লড়াই, স্বাধীনতার গান,
শহীদদের রক্তে লাল হয়েছে প্রাণ।

তবু আগামী দিনের আশায় জেগে আছি,
শিক্ষা-উন্নয়ন হবে সমৃদ্ধির চাবিকাঠি।
নতুন সেতু, রাস্তা, আলোয় ভরা জনপথ,
তরুণদের হাতে গড়বে অনাগত ভবিষ্যৎ।

সকলের হৃদয়ে থাকবে এক বিশ্বাস—
ঐক্যে গড়ি ভবিষ্যৎ, উজ্জ্বল ইতিহাস।
আমার শহর, মম অস্তিত্ব আর স্বপ্নের ঠিকানা,
মানবতার আলোয় উদ্ভাসিত হোক সবার প্রাণখানা।

আকাশের দিনলিপি

অনন্ত আকাশ, মুক্ত বিহঙ্গ পড়ন্ত বিকেলে
গমনে দিবাকর লোহিতাভা মণ্ডলে
লনে বসে নিখাদ প্রকৃতি দর্শনে
মুগ্ধ হয়ে যায় বৃদ্ধ- শিশু স্বজনে।

ভোরবেলা জেগে উঠি দোয়েলের ডাকে
চড়ুই-শালিক রয়েছে যে বাতায়ন পথে
অনুরাগ, অভিমান বসে থাকি বারান্দায়
চা-চামুচের শব্দে ভাবি রয়েছি ভবে।

রাঙা ভোরে সোনালী আলো ছড়ায় দিগন্তে,
কুয়াশার চাদরে ঢেকে থাকে মাঠ প্রান্তরে।
মাঠের কৃষাণ বীজ ছড়ায় মাটির বুকে,
হালচাষের গান বাজে নদীর তীরে।

শিশির ভেজা ঘাসে রোদ্দুরের হাসি,
মুখে লাগে দোয়েলের প্রথম খুঁচোখুঁচি।
কাকের ডাক, শালিকের ঝাঁক উড়ে যায়,
নতুন দিনের আভা হৃদয়ে বাজায়।

তপ্ত রোদ ঝলসে দেয় মাটির বুকে,
খেজুর পাতার ছায়া মেলে শীতল সুখে।
কৃষাণ-কৃষাণী মাঠে ঘামে ভিজে,
আকাশে বাজে বাজপাখির সুর মিশে।

বিকেল গড়ায়, রঙিন মেঘের খেলা,
শিশুরা দৌড়ায় ঘুড়ি হাতে খোলা মাঠে।
বৃক্ষপল্লব ঝরায় ক্লান্তি দিনের,
নদী গুনগুনায় সাঁঝের কণ্ঠে।

আঁধার নামে আলপনা মেঘের রঙে,
ঘুড়ি ওড়ায় বালক হাসি-খুশীর ঢঙ্গে।
নদীর ধার ঘিরে রাখে সাঁঝের গান,
সোনালি সূর্য ঢোকে গোধূলি জান।

হাঁসিতেছে চাঁদ - পূর্ণিমার রাত
নিশীত সখা তুমি নিশুতির গতি
আকাশের গায়ে কত শত তারা
আলো-আধারের রঙের খেলা।

রাত নামিলে নক্ষত্র মেলে ঝাঁক,
শীতল হাওয়ায় ভেসে আসে মৃদু গন্ধ।
নীলিমা আকাশ আবৃত তিমির চাদরে,
স্বপ্নের নগরী সাজে হৃদয়ের ছন্দে।

সাগর সৈকতে

স্বপ্নের পাদদেশে বাসনার পোতাশ্রয় এখনো যে ঝাপসা
শালবনে বিচরণ, ধীর পায়ে শুধুই যে হাঁটা।
আশার সৈকতে বালুকণায় বসে শুধু ঢেউ গোনা
হয়তো কুড়িয়ে পাবো মুক্তো-মানিক অথবা সোনা।

গভীর সমুদ্রে জাহাজের মাস্তুল দেখা যায়
হাতছানি দেয়একান্তে কাছে পেতে চায়
তীরের দিকে চেয়ে আছে অনিমেষ নয়নে
শত আশা বুকে নিয়ে রয়েছে যে গোপনে।

ভিড়তে পারে না সে যে দেহের পরিসরে,
দূর থেকে শুধু দেখা ক্ষীণ আকারে।
সাম্পান গুলো ভেসে চলে ঢেউয়ের তালে-তালে
দিবাকর অস্তমিত হয় লোহিতাভা নিয়ে গালে।

সমীরণ জলধি ঘেসে করে যায় শন্ শন্ শব্দ
আছড়ে পড়ে ব্যথার বালুচরে-মনে হয় যুগ্ধ,
ফলতার বন্দরে বিষাদের নোঙর
বদ্ধ জলাশয়ে দৈবাৎ ভেসে উঠা প্রকান্ড হাঙর।

তবু দিগন্ত জুড়ে আলো ছড়িয়ে যায়,
অস্তরাগে লুকিয়ে থাকে নতুন প্রভাতের দায়।
ঢেউয়ের বুকে শোনা যায় অমলিন গান,
আশার শঙ্খ বাজে, ভাঙে অন্ধকারের বান।

ঝড় শেষে সমুদ্রও তো শান্তি খোঁজে বুকে,
তার নীলিমায় জাগে নবদিগন্ত সুখে।
তীরের বালুতে পড়ে থাকে অগণিত চিহ্ন,
যাত্রার ইতিহাস, জীবন সংগ্রামের অপরাহ্ন।

একদিন হয়তো সেই জাহাজ ভিড়বে কূলে,
হারানো স্বপ্নেরা ফিরবে মুক্ত হাওয়ার দোলে।
তখন আর বিষাদের নোঙর বেঁধে রাখবে না,
ফলতার বন্দরে ফুটবে কেবল সোনাঝরা শিখা।

জীবন সায়াহ্নে

কর্মময় জীবদ্দশা সমাপ্তির ঘন্টা
সবনিকাপাত কাল বদলের হাওয়া
মুমূর্ষুতায় শুনতে পায় সাথে উৎকণ্ঠা।

শয্যাপাশ প্রিয়জনঘেরা বিনিদ্র যামিনী
তন্দ্রাচ্ছন্ন প্রভাত নেত্র জ্বালাময়
সহস্র বছর অতিক্রান্তে নেহাত একটি রজনী।

সঞ্জীবনী, মহাদ্রাক্ষা, অবশেষে মকরধ্বজ
সায়াহ্নে সহস্র চেষ্টা বিফল মনোরথ্
কায়মনোবাক্যে ঈশ্বর-সকাশে উপবেশনে অনুজ।

জীবনাবর্তের হিসেব-নিকেশ দর কষাকষি
সফলতা-বিফলতা শতকথা-শত ব্যথা
দুরু দুরু বুক কাঙ্খিত চাহনী, বর্ণহীন মশী।

রুক্ষ, জীর্ন, শীর্ণ দেহখানি একেবারে নিথর
শ্বেত-শুভ্র বিছানায় কাপে থর্-থর্
আত্মা নামীয় বিহঙ্গ গমনে হয়ে যাবে পাথর।
চোখে অশ্রুজল, অন্তরেতে অমোঘ শূন্যতা,
মিলনবঞ্চিত স্মৃতির ছায়া ঘিরে রাখে কক্ষান্তর।

শ্বাস ফেলে ভাঙা বুকের কোণে,
প্রিয় মুখগুলো স্মৃতির দীপ্তিতে ঝলমল,
শোনায় নিষ্প্রাণ রাতের ঘরে নিঃশব্দ গান।
সমস্ত অভিজ্ঞতা, সমস্ত আশা
একত্রিত হয়ে মেলায় ম্লান বৃত্তান্ত।

তবু, সায়াহ্নে, ম্লান আলোয়
একটি ক্ষুদ্র দীপ জ্বলে-
প্রকৃতির, ঈশ্বরের, আত্মার মিলনে
মহাকালের নীরব সাক্ষী হয়ে,
জীবন বলল "শেষ নয়, এখনও কিছু বাকি।

গগনচুম্বী স্মৃতিগুলি চুপচাপ
সন্ধ্যার কোলাহলে মিশে যায়।
নিশ্চল দেহ, উদাস অন্তর
এক মুহূর্তে সমগ্র ভুবন বুকে নিয়ে,
একটি নিস্পৃহ হাসি দেয় প্রাচীন অমৃতের মতো।

আত্মা, নিঃসঙ্গ না, বরং মুক্ত,
চিরন্তন যাত্রায়, নীরব এবং সোনালী
হাওয়ার সঙ্গে মিলিত, সময়কে অতিক্রম করে,
স্মৃতির পাতায় চিহ্ন রেখে যায়
যেমন রাত্রি শেষ করে নতুন ভোরের আহ্বান।

নিবেদিতা

নিবেদিতা, তব বিরহ, বড়ই শোকের,
অনিমেষ নয়নে চেয়ে থাকা বড়ই দুখের।
শিউলি বনে শিশির ভেজা প্রাতে,
আম্রকাননে পূর্ণিমার জ্যোৎস্না স্নাতে।

মনে পড়ে, মনে পড়ে আজও,
তব বাঁধভাঙা হাসিমাখা অবয়বও।
শীতের অতিথি পাখী যখন নেমে আসে,
তব উপস্থিতি, তব ছায়া তাদের মাঝে ভাসে।

গোলাপের পাপড়িগুলো তোমার কথা বলে,
নাগকেশরের অশীতিপর গাছটি চেয়ে শুধু হাসে।
যেমনটি ছিলাম তেমনটিই রয়েছি,
এতটুকুও বদলাইনি- আগের মতই আছি।

বদলেছে সময়, বদলেছে সমাজ, নিবেদিতা,
তব নিয়ন এখনও তেমনই আজ।
সদা কোমল, সদা মৃদু, সদা আপন
বাতাসে বাজে তব মৃদু গানের সুর।

ঝরে পড়ে স্মৃতির জলের মতো শীতলতা।
চাঁদের আলোয় হেসে ওঠে মম মনে আকুলতা,
তব আবির্ভাব যেন শিথিল করে দুঃখের বন্ধন
আলোকিত প্রাণে জাগে নতুন আশার উন্মীলন।

আজও মনে পড়ে, আজও মনে পড়ে,
তব ছায়া, তব হাসি- সবচেয়ে প্রিয় অবয়ব।

অপূর্ণ

পলাশ ফুল - তুমি অনেক সুন্দর
সুন্দর তব 'চাহনি,
তব প্রেমে মুগ্ধ আবাল-বৃদ্ধ-বনিতা
ছোটি শিশুর চাওয়া-যদিও মন্বন্তর।

দূর থেকে দেখে তোমার মনোরম অবস্থান
পাশে গিয়ে করে কেন সকলেই প্রস্থান,
পুষ্প তুমি সুন্দর বাড়িয়েছো শোভা বাগানের
দলমণ্ডলে রয়েছে উজ্জ্বল্যের বাহার।

ও তুমি বুঝবেনা আমি চিনি মানবীকে
তারা শুধু ঘ্রাণ খুঁজে মান খুঁজে সব কিছুতে
খাবার দাবার মত সব জিনিষে।

হয়ত বা ভাবছো, দোষছো প্রকৃতিকে
প্রকৃতি কতজনকে কতকি দিয়েছে,
নিখুঁত অংগ নিখাদ দেহখানি।
তবু কেন জানি পূর্ণতা পায়নি।

প্রকৃতির অঙ্গনে তুমি দাঁড়িয়ে,
হাওয়ার সাথে নাচাও, সূর্যের আলোয় ভেজাও,
ফুলের রঙে মন ছুঁয়ে যাও,
কিন্তু তবু আকাশের নীলে অনন্ত প্রশ্ন।

কেন তোমার সৌন্দর্যের পাশে ছায়া বসে,
কেন পূর্ণতার চেয়ে সবসময় থাকে আশা।
তোমার প্রতিটি পাপড়ি, প্রতিটি রঙের ছোঁয়া,
যেমন আকাশে ছড়ানো রঙিন রেখা।

সেই রেখার মধ্যেও যেন ফাঁক,
একটি ফাঁক যেখানে অসম্পূর্ণতার গন্ধ।
তবু সেই অসম্পূর্ণতা, সেই অল্পতার ছোঁয়া,
আমাদের মনকে আরও কাছে টানে।

তোমার সৌন্দর্যে মুগ্ধ করে,
আমাদের কাছে করে চিরন্তন।
হয়তো পূর্ণতা মানে নয় নিখুঁত,
হয়তো পূর্ণতা মানে অনুভবের গভীরতা।

তুমি যেমন আছো, তেমনই অপরূপ,
অসম্পূর্ণতায়ও তুমি সম্পূর্ণ,
পলাশ ফুল, তুমি আমাদের অন্তরে
চিরকাল জাগ্রত আশার রেখা।

দুরন্ত

হ্যান্ডসাম যুবক হাতে মোবাইল
পরনে জিনস প্যান্ট গায়ে টি-শার্ট
ল্যাটেস্ট বাইক গতি দুর্বার।

উড়ু উড়ু মন, দুরু দুরু চোখ
উডল্যান্ড জুতো, রে-ব্যান স্পেক
ক্লিনসেভ অবয়ব, হাসুলী নেক
চওড়া কাঁধ, প্রশস্ত বুক
উদগ্রীব চাহনি গ্ল্যাইজি চিবুক।

প্যারিসের পারফিউমের উগ্র ঘ্রান
সমাজের সেবায় নিবেদিত প্রাণ
রঙীন স্বপ্ন, আকাশ-কুসুম বাসনা
খুঁজে খুঁজে হয়রান হরিণী নয়না।

ব্যস্ত দিনরাত ব্যস্ত প্রভাত,
ঘরের কাজে সময় হয়না,
অন্যের তরে কিস্তিমাত
সবান্ধব ঘিরে তোমায় দাঁড়িয়ে থাকা
কাজের বাহানায় চারিদিক দেখা।

ফাষ্ট ফুড, ঠান্ডা পানীয়
ছন্দে-ছন্দে কথা যেন রোমিও
পাতালের পরে আকাশের বিহঙ্গ
জনসংঘ, বন্ধুসংঘ অবশেষে নিঃসঙ্গ।

বিরহে কাতর, বিষাদে নিথর
স্পন্দনহীন এ জীবনের গতি মন্থর।

নিঃসঙ্গ রাজপথ

বৃষ্টি তোমার কথা মনে করিয়ে দেয়,
বাতাসের শো শো শব্দ তোমার কথা মনে করিয়ে দেয়,
স্নিগ্ধ শান্ত পদধ্বনি তোমার কথা মনে করিয়ে দেয়,
দাঁড়িয়ে থাকা কামিনী কাঞ্চন তোমার কথা মনে করিয়ে দেয়।

মেঘেরা মনে করিয়ে দেয় তোমার কথা,
ঢেউগুলি মনে করিয়ে দেয় তোমার কথা,
নূপুরের ঝুনঝুন শব্দ মনে করিয়ে দেয় তোমার কথা,
পাখীর কলরব মনে করিয়ে দেয় তোমার কথা।

এই রাজপথ আজ কেন জনহীন?
এই লোকালয় আজ কেন জনহীন?
এই সাংস্কৃতিক অঙ্গন আজ কেন জনহীন?
এই শিক্ষায়তন আজ কেন জনহীন?

তোমার দ্বিধাবিভক্ত বেনী বাঁধার শখ এখনও আছে নাকি?
তোমার ঢিলেঢালা খোঁপা এখনও আছে নাকি?
দুটি ভ্রুর ফাঁকে তোমার ঐ বক্রচাহনি এখনও আছে নাকি?
হাওয়ায় দুলে দুলে তোমার ঐ হাঁঠা এখনও আছে নাকি?

তোমার এই অধর বহমান একটি নৌকো,
তোমার এই দু'টি গাল সুন্দর দু'টি উদ্যান,
তোমার মুখ যেন সিমলার সূর্যোদয়,
তোমার ঐ উৎসুক, উন্মত্ত চাহনি যেন ঐ চাতক সম।

জীবন পাঠীগণিতের ভগ্নাংশ- তুমি যেখানে নেই,
সভ্যতা ইতিহাস ধ্বংস- তুমি যেখানে নেই,
যৌবন বাণপ্রস্থ- তুমি যেখানে নেই,
হৃদয়ের বন্দর ধোঁয়ায় বিধ্বস্ত- তুমি যেখানে নেই।

জানালা খুলে আজকাল তুমি কি দেখো?
টেবিলে প্রিয় উপন্যাসের পাতা খুলে তুমি কি দেখো?
ডাইনিঙের চীনা কাপ-প্ল্যাটের মধ্যে তুমি কি দেখো?
বাথরুমের লাইফ-সাইজ দর্পনে তুমি কি দেখো?

বৃষ্টি তেমনই আছে, অন্ধকার তেমনই আছে,
পাহাড়ের নীচ দিয়ে যাওয়া বরাক তেমনই আছে,
শিলং-এ যাবার প্রত্যুষের এম.টি.সি'র বাসখানা তেমনই আছে,
ভোরের বাতাসের হিমেল হাওয়া তেমনই আছে।

আমার হৃদয়ে একটি বাঁশী ছিল, বহুদিন বাজেনি,
আমার হৃদয়ে একটি দর্পন ছিল, বহুদিন নিজেকে দেখিনি।
জানালা খুললেই দেখি সামনে সাগর-
একটি শূন্যতার সাগর, একটি ধ্বংসের সাগর।

তোমার স্মৃতি হতে আমার ঠিকানায় আসছে,
তোমার নির্বাক চাহনিতে আমার ভেলাখানি ভাসছে।

নগরোদ্যান

বাঁধানো হাঁটার জায়গা, বাঁধানো আসন
মধ্যিখানে মস্তবড় এক জলাধার
ছোটছোট ছায়াতরু সুবিন্যস্ত লন
হেঁটে বসে হাওয়া খাওয়া অবসর যাপন।

কিশোর-কিশোরীর গল্প খেলা
পড়ন্ত বিকেল যেন মিনি মেলা,
বড়দের অথ কথা যুবকের গুঞ্জন
বুড়োদের আড্ডা শ্বাশুড়ীর সাতকাহন।

গৃহিনীদের কানাকানি শিশুদের হামাগুড়ি
মাঝেমধ্যে চায়ের আসর নয়ত সভাসমিতি,
সরোবরে অথৈ জল কৃষ্ণকায় বর্ণ
জলের দিকে চেয়ে থাকা ভাবনায় মত্ত।

শান্ত-স্নিগ্ধ পরিবেশ তন্দ্রার আবেশ
পাখীদের কলরবে কেটে যায় রেশ।
সূর্যাস্তের লালিমায় ভরে ওঠে আকাশ
ছায়াগুলো দীর্ঘ হয়ে যায় ধীর হাওয়া সুবাস।

মাঝে মাঝে রোদ কাচের উপর খেলে খেলে
সোনালী আলোর খোঁজে দুলে যায় পাতা,
নরম ঘাসে বসে থাকা প্রেমিক-প্রেমিকা
দুরন্ত শিশুরা পায় গান নতুন আশা।

বৃদ্ধরা স্মৃতিতে হারায় ব্যস্ত শহরের ছায়া
হৃদয়ে জাগে শান্তি, চোখে ভাসে ছন্দ।
সন্ধ্যার নীলিমায় ভেসে আসে পাখির ঝাঁক
চাঁদ উঠে ধীরে ধীরে, ছুঁয়ে দেয় গগন-পাক।

বাতাসে মিশে যায় পুরনো দিনের গান,
বেঞ্চের কোণে বসে স্মৃতি করে টান।
নিয়ন-আলো ঢাকা সেই শহরের বুকে,
লুকিয়ে আছে প্রেম, হাসি, অজানা সুখে।

প্রবাহমান স্মৃতি

টেম্‌স, টাইন বা টাইবার, মিসিসিপি বা ম্যাকেঞ্জি,
গঙ্গা, গোদাবরী, যমুনা, ব্রহ্মপুত্র বা বরাক--

কত বারি প্রবাহিত হয় বসে বসে শুধু দেখি।
নিয়তির নির্মমতায় কতজন হারিয়ে যায়
মনে রাখা ভীষণ দায়।

আর আমি থাকি শুধু চেয়ে দেখি।
নিঃশব্দ আত্মার গভীরে বসে আমি দেখি।

নিষ্ঠুর নিয়তি ছিনিয়ে নেয় অনেককে;
স্মৃতিতে তাদের ধরা রাখা হৃদয়ের বোঝা।

বেগম রোকেয়া অথবা সোফিয়া কামাল
নজরুল, মাইকেল অথবা অন্য দামাল

কতজনের কত কথা রয়েছে যে মনে
কখনও কি আর হবে দেখা তাদের সনে।

অসংখ্য শব্দ, অসংখ্য স্বপ্ন ভাসমান,
অসংখ্য কণ্ঠ এখনো ডাকে আকাশে।

তারা আজও প্রতিধ্বনি তোলে অন্তরে;
আসবে কি সেই দিন
আসবে কি সে ক্ষণ, যখন দেখা হবে আবার?

স্বপ্ন ভেসে যায়, তবু অন্তর জানে স্পষ্ট-
আমরা সবাই শুধু বয়ে চলা নদীর অংশ,
যেদিন আবার তাদের সাথে দেখা হবে।

হযরত খাজা মইনুদ্দীন চিশতী (রঃ) উদ্দ্যেশ্যে উৎসর্গীকৃত দু'টি কথা—

আজমীরী

সহস্র মাইল পথ পেরিয়ে তুমি এসেছো এখানে,
ছুঁয়েছো এ ভূমি- কত দিন, কত রাত, শত কথা, শত প্রাত।
এসেছো তুমি, হয়েছো কামিয়াব,
পেয়েছো মানবীর, মানবের পরিত্রাণ।

চিশত থেকে আজমীর-
স্বস্থান থেকে হিন্দুস্থান।
তব আগমনে উন্মীলীত হয়েছে নয়ন,
অন্ধকার, কুসংস্কার পরিচ্ছন্ন হয়েছে মানবমন।

তোমার বাণী, কোমল ও বিনম্র,
মমতার জলে শীতলিত করেছিল ধন্য হৃদয়।
প্রেম, করুণা, বিশ্বাসের দিশা দেখিয়েছে তুমি,
মানবতার পথ আলোকিত করেছো অমল জ্যোতিষ্ময়।

শরণাগতদের আশ্রয় দিয়েছো,
দুঃখী হৃদয়কে শান্তি ও মুক্তি দিয়েছো।
তোমার দীক্ষায় জাগ্রত হয়েছে অন্তরের আলো,
সত্য ও ন্যায়ের পথ অক্ষয় হয়ে গেছে।

আজও তোমার স্মৃতি আজমীরে বয়ে যায়,
প্রত্যেক প্রাণে বেজে ওঠে করুণা ও ভক্তির সুর।
তোমার ছোঁয়ায় মানুষ শিখেছে ভালোবাসা,
অমল আত্মার সন্ধান, দুঃখের অবসান।

সংক্রমন

চাঁদ লুকিয়ে আছে মেঘের কোলে,
মেঘেরা ভেসে বেড়ায় তার বুকে,
লজ্জায় অবগুন্ঠনবর্তী শশী যেন নববধূ,
দিবাকরের আগমনে চলে যায় অন্তঃপুরে।

এ যেন আকাশের সংসারের জীবনধারা,
সূর্য্যের আগমনে নতুন রঙে রচিত,
শুক্রের সংক্রমণে জাগে মহাজাগতিক বিস্ময়,
পৃথিবী ও সূর্যের মধ্যিখানে শশধর।

সে তো সেই সূর্যগ্রহণের দৃশ্য,
এক বৃহৎ সংসারের প্রতিচ্ছবি,
যেখানে সুখ-দুঃখ, ঘাত-প্রতিঘাত,
অন্তর্কলহের খেলায় গড়ে ওঠে জীবন।

কক্ষপথের নির্দিষ্ট নিয়ম,
প্রদক্ষিণের ধারা, অবস্থান ও স্থান পরিবর্তন,
সময়ের মধ্যে পরিক্রমণ,
এই মহাজাগতিক নৃত্য এক অনন্ত চক্র।

চাঁদ, সূর্য ও পৃথিবী-
তাদের সংক্রমণ কেবল বিজ্ঞান নয়,
এ এক রূপক যা শেখায়,
সৃষ্টি ও সম্পর্কের সুষম ভারসাম্য।

এভাবেই মহাজগতের প্রেম, বিরহ ও অন্তর্মিলন,
চলমান, অব্যাহত- যেন আকাশের সংসার
তার চিরন্তন কাহিনী চিরন্তন বহমান।

পরিবর্তন

দিনকাল পাল্টেছে- ঋতু স্বকীয়তা হারিয়েছে
বর্ষাতে বৃষ্টি হয় না, শীতকালে ঠান্ডা লাগেনা।

সব্জিতে স্বাদ নাই, রঙধনুতে উজ্জ্বল্য নাই
জীবনে প্রাণ নাই, প্রাণেতে স্পন্দন নাই।

শিশুরা আজ আর কাঁদেনা, হাসির কথায় লোক হাসেনা
শিক্ষার মান নিম্নগামী, ধনীদের কদর ঊর্ধ্বগামী।

আমানত খেয়ানত হয়, ওয়াদার খেলাপ হয়
উদ্ভিদে ফল ধরেনা, অনেক ফল দেখা যায়না।

রোগ-শোকের শেষ নাই, মন্দ লোকের মৃত্যু নাই
বেকারদের সংখ্যা বাড়ছে, কম্পিউটার কর্মী ছাঁটছে।

পৃথিবীটা হাতের মুঠোয়, ই-মেইল আর ইন্টারনেটয়
সুপুরুষ মরে যাচ্ছে, অমরকীর্তি রেখে যাচ্ছে।

রেল লাইন জবরদখল- সমাজবিরোধী; সর্বহারার দল
মানুষে-মানুষে হানাহানি, জীবন নিয়ে ছিনিমিনি।

ব্যবসার নাই লাইসেন্স, বাড়ছে তবু ব্যাংক ব্যালেন্স
অনাহারে মানুষ মরছে, কতিপয়ের পকেট ভরছে।

তা-ও মানুষ সহ্য করছে-
হয়তো সুদিন কাছে আসছে।

প্রকৃতির ঐকতান

পাহাড়ী ঝর্ণার স্বচ্ছ ধারা
পাহাড়ের ফাঁকে রোদ সোনা ঝরা।
কনকনে ঠান্ডা হিমেল হাওয়া
থেকে থেকে হয়ে গেছে গা-সওয়া।

পাহাড়ের গা-ঘেঁষে সমান্তরাল সড়ক
পাইন, দেবদারু ঠায় দাঁড়িয়ে শিশু তরু।
সরলরেখায় উজ্জ্বল দিবাকর হাসে,
হৃদয়ের আঙিনায় তার প্রতিফলন ঘটে।

পাহাড়ী নদী কুলু-কুলু ধ্বনি করে জল বহে,
নুড়ি পাথর ফাঁকে তায় স্ফটিকের তারে।
রূপালী বরণ তায় চিকচিক করে,
শুভ্রতায়-স্বচ্ছতায় সে ধারা ভাসে।

ভোরের পাখির সুরে জাগে বনভূমি,
প্রতিধ্বনি তোলে পাহাড়ের ভূমি।
প্রকৃতির সুরে খুঁজে মেলে প্রাণ,
মিলনের স্রোতে শান্তির গান।

সবুজ পথ ধরে দাঁড়িয়ে বৃক্ষরাজি,
পাইন-দেবদারু পাহারায় বাজি।
সূর্যের হাসি ঢেলে দেয় আলো,
হৃদয়ের আঙিনায় খুঁজে পাই ভালো।

কুলুকুলু ধ্বনি তোলে পাহাড়ি নদী,
স্বচ্ছ জলে বাজে স্ফটিকের খনি।
রূপালী ঢেউ ঝলমল করে,
নিঃশব্দ প্রার্থনা প্রকৃতি ভরে।

ভোরের কূজন জাগায় বনভূমি,
জেগে ওঠে পাহাড়ের প্রাচীন ভূমি।
সিম্ফনির সুরে শান্তির গান,
চিরন্তন প্রকৃতিতে মেলে নতুন প্রাণ।

সে ১৯৯৬ সাল। কলকাতা ভ্রমণে যাওয়া হয় দ্বিতীয় বার। থেকে গেলাম কয়েকদিন। জীবনে চলার পথে দেখা হয় কতজনের সাথে- হয়ত একবার, নয়ত বারবার। তেমনি এক—

স্মৃতি পট

শিয়ালদা'র বাস স্টপে দাঁড়িয়ে আছি।
সদ্য থামা বাস থেকে নেমে এলো এক মধ্যবয়সী নারী-
হাতে তার একখানা *শরৎ সমগ্র,* গোলাপি ছাতা,
চকিত চাহনি পাপড়ির মতো আঁখিপাতা।

খোঁপায় গোঁজা একটি রাজ গাঁদা ফুল
মনে হলো জীবনের ভাঙেনি কোন কুল ।
প্রসাধনীর পরোয়া নাই,
ভাঙা হাঁড়িরও ভয় নাই।

মনে হলো কথা বলবে- কথা কিন্তু হলো না
আস্ত করে হাতের ভাঁজে গুজে দিলো ঠিকানা।
সংযত রসনা, বাসন্তী বসন,
মনেতে বাসনা উদার আনন

শহর থেকে একটু দূরে,
বোটানিক্যালের গেটের পরে,
শিবপুরের ঐ বনেদি আনায়
তোমায় কিন্তু ভালই মানায়।

দেখতে পাবে আমায় হেথায়,
কখনও যদি যাও সেথায়-
হুগলী পারের বি.বা.দী. বাগে
মাঝে-মধ্যে আসবে যাবে।

থাকার চেষ্টা কোরো নাকো
জীবনের ঐ উল্টো বাঁকে।
মনে হয় অনেক আগে- কোন এক পার্টিতে
দেখেছিলাম শরতের সন্ধ্যায়, শুভ্র সিঁথিতে।

হারিয়ে গেলে জীবনের ভিড়ে,
থেকে গেলে প্রিয়জনের নীড়ে।

ভালবাসা

অনেক সাধে ভালোবেসেছিলাম তোমায়,
তুমিও কিন্তু কিছুটা হলেও ভালোবেসেছিলে আমায়।
আশা ছিল তব আঁচলে মুখ গুজে
বাঁধবো সুখের নীড় জীবনাবর্তের সকল ভাঁজে।

তুমি জানোনা, তুমি যে সাবালিকা,
অন্যের চোখে এখন আর নও কেবল বালিকা।
অকস্মাৎ একদিন লালটুকটুকে শাড়ি,
বাড়ির আঙিনায় দেখি একখানি সাজানো গাড়ি।

তুমি যে শাড়ি পরতে জানো-
জেনে নিয়েছ সেও, যা আমি জানিনি এখনো।
অলক্ষ্যে ভেঙে গেল স্বপ্নের আকাশ,
মেঘে ঢাকা পড়ল আমার আশাবাস।

তুমি গেলে দূর দেশে নতুন স্বপ্ন সাজিয়ে,
আমি রইলাম ভাঙা মনের ছবি এঁকে বাজিয়ে।
প্রেমের ফুল ফোটে, তবে মলিনও হয়,
স্মৃতির ছায়া আজও আমার বুকে রয়।

চাঁদের আলোয় খুঁজেছি তোমার মুখ,
পেয়েছি শুধু অশ্রুর আঁচল, হারানো সুখ।
যা ছিল আমাদের, তা আজ গল্প কেবল,
তবু মনে রেখো- আমার ভালোবাসা চির অমলিন, চির অটল।

দরওয়াজা

হঠাৎ এক নিস্তব্ধ সন্ধ্যায়- কলিংবেলটি বেজে উঠলো !
দরজার এক পাশে তুমি- অপর পাশে থমকে দাঁড়িয়ে আমি।

একটু পরে আমি দরজাখানি খুলে দিব
আপনি মোর প্রেয়সী হতে পারেন,
আপনি মোর আত্মীয় হতে পারেন
আপনি মোর শত্রুও হতে পারেন।

দরজাটা খোলার সঙ্গে সঙ্গেই
হয়তো নতুন করে শুরু হবে পরিচয়।
তোমার চোখে ঝলসে উঠতে পারে ঘৃণা,
অথবা ঝরে পড়তে পারে অশ্রুর আনন্দধারা।

হয়তো হাসি-খুশি কথায় ভরে উঠবে প্রাঙ্গণ,
নয়তো নিঃশব্দ আঘাতে নিগৃহীত হব আমি।

এই একখানা সদর দরজাই- কখনো মিলনের সোপান,
কখনো বিচ্ছেদের সীমানা, কখনো আশ্রয়ের প্রতিশ্রুতি,
আবার কখনো বিপদের দ্বারও বটে।

কিন্তু তখনই-
দরজার চেয়েও জোরে বাজতে লাগল
আমার অন্তরের গোপন ঘণ্টাধ্বনি।
হৃদয়ের গভীর থেকে ভেসে এলো ডাক-

কোন দরজাখানি আগে খুলি ?
হৃদয় দোদুল্যমান, কিংকর্তব্যবিমূঢ়
বাহিরের এই এই সদর দরওয়াজা,
নাকি ভেতরের স্পন্দিত হৃদয়ের দ্বার ?

প্রশ্নে আচ্ছন্ন আমি দাঁড়িয়ে রইলাম-
কলিংবেলের শব্দ বাজে কর্ণে অবিরাম,
ভয় আর আশার অনিশ্চয়তার মাঝখানে,
ভালোবাসা আর অজানার সন্ধিক্ষণে।

গ্রন্থরাজি

বই কেবল শব্দের শরমা নয়,
সে এক দীপ্ত চেতনার আয়না।
যেখানে মানুষ খুঁজে পায় নিজেকে,
অন্ধকার ভেদ করে জেগে ওঠে আলো।

পাতার ভাঁজে লুকিয়ে থাকে ইতিহাস,
অতীতের স্মৃতি, বর্তমানের স্রোত,
ভবিষ্যতের সম্ভাবনার বীজ—
এক মহাকাব্য, যে থামে না কোনো কালে।

বই শেখায়- সীমা ভাঙতে হয়,
জাতি, ধর্ম, ভাষা, প্রাচীর সব-
জ্ঞান যেখানে সমুদ্রের মতন,
সেখানে নেই বিভাজনের তটরেখা।

বই হলো পথপ্রদর্শক প্রদীপ,
অজ্ঞতার অন্ধকারে জ্বালে জ্ঞানের শিখা।
প্রতিটি অক্ষরে জেগে ওঠে প্রেরণা,
মানুষ খুঁজে পায় মুক্তির দিশা।

বই হাতে নেওয়া মানেই
বিশ্বকে হাতে নেওয়া,
নিজেকে ছুঁয়ে যাওয়া
চিরন্তন সত্যের অন্তহীন অগ্নিশিখায়।

বই হলো নীরব মনিষী,
যার বাণী অনন্ত, অবিনশ্বর।

বন্ধুবর শ্রীযুক্ত পার্থ চক্রবর্তী'র উদেশ্যে-

চন্দন

তুমি তো চন্দন,
চন্দনের সুরভি,
মম জীবনে তুমি একটি রক্ত গোলাপ।

তব অনিমেষ চাহনি, দীর্ঘ কালো ভ্রু,
লোমশ হাত, রক্তিম ঠোঁট-
প্রাণেতে স্পন্দন আনে, যৌবনে ঢেউ।

তুমি তো ভাগ্যবান, জোড় ভ্রু'তে প্রতীয়মান।
কালো হরিণ চোখ, হাস্যোজ্জ্বল মুখ,
পরিচ্ছন্ন চরিত্র, সুদৃঢ় ব্যক্তিত্ব-
মুগ্ধ করেছে আমাকে,
বিমুগ্ধ করেছে তব পরিচিত মহলকে।

তুমি তো পূর্ণিমার চাঁদ, শান্ত স্নিগ্ধতায় ভরা,
অন্ধকার রজনী পেরিয়ে আনো উজ্জ্বল ভোর।
তোমার মমতাময় স্পর্শে জাগে হৃদয়ের গান,
তুমি হলে আশার আলো, অনন্তের দ্বার।

তোমার প্রতিটি বাক্যে ঝরে সত্যের দীপ্তি,
চলনে ভেসে আসে মহিমার শক্তি।
তুমি যে স্বপ্নলোকের অমলিন কাব্য,
আমার জীবন-তরীতে তুমি দিশারী ভাব।

পার্থ, তুমি বসন্তের রঙ, গ্রীষ্মের স্নিগ্ধ বৃষ্টি,
শরতের নির্মল আকাশ, শীতের মায়াবী কুয়াশা।
তোমাতে খুঁজে পাই ঋতুর সব রূপ,
তোমাতে মিশে আছে আমার অনন্ত প্রণয়।

যতদিন দিগন্তে সূর্য উঠিবে,
যতদিন নদীর স্রোত বয়ে চলিবে,
আমার হৃদয়ের প্রতিটি স্পন্দনে
তুমি থাকবে অমলিন আভা হয়ে।

পরপার

গাড়ীখানা তৈরী আছে যেতে হবে পরবাস,
টিকিটখানা কনফার্ম নয় তাই ঘোচানো হয়নি শেষ,
নিভবে প্রদীপ, জাগবে আঁধার।

প্রদীপ নিভে যাবে, জেগে উঠবে আঁধার,
স্বস্তি পাই ভেবে- শুনেছি, পরপারের পথে আছে বহু ঘাট, দীর্ঘ যাত্রা,
অসংখ্য বাঁধা, অদৃশ্য বিপত্তি অপেক্ষমাণ।

কম্পন বাড়ছে, নাসারন্ধ্রে ফুঁসে উঠছে নিশ্বাস,
চোখ পড়ছে পাপোশের দিকে- কে আসছে, কে যাচ্ছে,
দু'দিনের অতিথির মতো বাসরঘর ফুরিয়ে আসছে।

যাত্রার ঘোড়া বাঁধা আছে শূন্যতার পথে,
দূর অচেনা সোপানে ডাক পড়েছে-
তবু টিকিটের ছাপ পড়েনি ভাগ্যের কপালে,
শেষ বেলায় গুছোনোয় হাত পড়েনি,
যেন কালই এখনো শেষ কথা বলে ওঠেনি।

প্রদীপের শিখা টলমল, শিখার কাঁপনে বাজে বিদায়ের সুর।
জানি—ওপারে আছে অসংখ্য ঘাট,
প্রতিটি ঘাট যেন একেকটি প্রশ্ন,
যার উত্তর পায় কেবল সেই পথিক,
যে ভয়কে পার করে আলো খুঁজতে শিখেছে।

নিঃশ্বাসের ঢেউ ঘনিয়ে আসে,
চোখ পড়ে দরজার ধারে রাখা নীরব পাপোশে-
কে আসছে সেখানে? অতিথি? নাকি দূতের ছায়া?
সময় কি এসে দাঁড়িয়েছে গোপনে
দরজার বাইরে, শেষ বাসর ফুরিয়ে নিতে?

আমরা সবাই এ জীবনে কেবল পথচলতি যাত্রী-
দু'দিনের আলোর মেলা শেষে
ফিরে যেতে হয় অনন্তের পরপার,
যেখানে নেই বিদায়, নেই প্রত্যাবর্তন,
শুধু আছে এক অবিরাম প্রত্যাশার নীরব দিগন্ত।

অবলোকন

আমি আকাশকে দেখেছি অনেক কাছে থেকে
রঙধনুকে দেখেছি কল্পনার রঙে,
সমুদ্রকে দেখেছি তার নিজস্ব ঢঙে।

আমি মহানকে দেখেছি তাঁর স্বমহিমায় !
শিশুকে নিষ্পাপ চরিত্র-চেহারায়,
কক্ষপথকে দেখেছি স্বকীয়তায়,
রেলপথকে সমান্তরাল রেখায়।

আমি বৃক্ষরাজিকে দেখেছি মানবের সেবায়,
বারিধারাকে শস্যাদি সিঞ্চনে,
চন্দ্র-সূর্যকে দেখেছি নিয়মের সীমারেখায়।
মানুষকে দেখিনি তার নিজস্ব সত্ত্বায়।

আমি বাতাসকে দেখেছি অনন্ত স্রোতে,
নদীকে দেখেছি আপন গতিতে,
তবু মানবকে দেখিনি তার সত্য রূপে,
অহংকারে আচ্ছন্ন ভিন্ন ভুবনে।

আমি পর্বতকে দেখেছি দৃঢ়তায় স্থির,
মাটিকে দেখেছি সহনশীল ধৈর্যে ভরপুর,
ফুলকে দেখেছি সুগন্ধ বিলিয়ে,
তবু মানবকে দেখিনি করুণায় ঝরিয়ে।

আমি দিগন্তকে দেখেছি স্বপ্নের ডানায়,
তারকাকে দেখেছি জ্যোতির্ময় আলোয়,
কিন্তু মানুষকে দেখিনি সমতার ছায়ায়—
স্বার্থের আঁধারে সে হারায় নিরালায়।

ক্ষনিক আশা

জীবন বড়ই করুণ,
তবু মেনে নিয়েছে আমাদের বরুণ।
বাবা-মা তার মারা গেছে,
বোন একটা সাথে আছে,
কাজ করে সে কারখানাতে,
বোন পড়ে কলেজেতে।

শৈশব ছিল তার অনেক রঙীন,
বর্তমানটা একেবারেই সঙ্গীন।
পাঁচ বছর হলো পার,
বোন তার ইঞ্জিনিয়ার।

দৈবাৎ এক ঝড় এলো,
পথ দূর্ঘটনা বোনকে নিয়ে গেলো।
জীবনের সকল গর্ব, সকল আশা,
চারিদিক ছেয়ে গেছে
আঁধার আর নিরাশা।

তবু বরুণ বেঁচে আছে
বোনের স্মৃতি নিয়ে কাছে।
অশ্রুর স্রোতে ভিজে যায় রাত,
তবু ভোরে আবার খোঁজে নতুন প্রভাত।
হৃদয়ে বোনের কণ্ঠের গান,
দুঃখের মাঝেই খুঁজে নেয় প্রাণ।

স্বপ্নগুলো ভাঙা, আশার প্রদীপ ক্ষীণ,
তবু অন্তরে জ্বলে বোনের দান
আলো, সাহস, ভালোবাসা-
যার টানে বেঁচে থাকে বরুণ প্রতিক্ষণ আশা।

জীবন সংগ্রাম

উড়ালপুলের নীচে, রেলপথের পাশ,
সকালেতে হতাশা,
সন্ধ্যার তিতিবিরক্ত নিরাশা-
জীবনের প্রতি অনীহা,বাঁচার জন্য নিরন্তর সংগ্রাম।

উন্নয়নশীল দেশ অনুন্নতের বাস
অপরিকল্পিও জীবন, অনিচ্ছার বাস্তবায়ন
দু'মুঠো অন্নের জন্য হাপিত্যেশ,
বিষাদের দিন, বিভীষীকাময় নিশি।

লৌই পাত আর ভগ্ন পাথরের দুর্বৃতায়ন
ক্ষুধার যন্ত্রণা জাগায় অন্তরে আগুন,
দুর্গন্ধ, দুঃসহ, অস্বাস্থ্যকর পরিবেশ
নিঃশ্বাস-প্রশ্বাসে নাসারন্ধ্র জেরবার।

চটের বেড়া, বেড়ায় জীবনের ছবি আঁকা
রেল বিভাগের ডোবায় থালা-বাটি ধোঁয়া।
অদৃশ্য থাকে এই অনন্ত দুঃখের জাল।
প্রতিটি কুঁড়েঘর বলে অজস্র হাহাকার।

অন্যের সুখ-স্বাচ্ছন্দ্যের আড়ালে,
তবু আশা মরে না দীনহৃদয়ে।
শিশুর চোখে এখনো স্বপ্নের আলো,
মায়ের কণ্ঠে বাজে জীবনের গান।

অন্ধকার ভেদ করে আসবেই সূর্যোদয়,
অভিশাপ ছিঁড়ে গড়বে নতুন মহাকাব্য।
সংগ্রামের আগুনেই জন্ম নেয় শক্তি,
মানুষ গড়ে তোলে তারই আলোকিত পথ।

অস্তিত্ব

তুমি কাছে এলে আমি জীবন খুঁজে পাই,
তুমি কাছে এলে আমি জীবনে ভরসা পাই।
জীবনকে নিয়ে ভাবিনা সে তো যায় চলে,
তোমাকে নিয়ে ভাবি কেন মিছে যাও চলি।

দূর থেকে তুমি, শুধু হাত আর হাতছানি দাও।
রাঙা ঐ মুক্ত করে আলোর ঝলকানি মনে হয়,
তুমি কাছে আছো বলে আমি আছি অস্তিত্বতায়।

তবুও মনে বাজে, অনন্ত এক সুর,
তুমি ছাড়া এ জীবন কেন জানি এত দূর।
নক্ষত্রের মতো জ্বলছো স্মৃতির আকাশে,
স্পর্শ পাই না তবু তোমায় স্বপ্নের নিশ্বাসে।

ফিরে দেখি সন্ধ্যায়, কতো ছায়া মিশে যায়,
তোমার নামেই বুকে এক অদ্ভুত আলো জ্বায়।
কাঁটার মতো বিঁধে যায় অসমাপ্ত সেই গান,
তবু ভালোবাসা রয়ে যায়- অবিনশ্বর প্রাণ।

আজ যদি আবার মেলে, হোক তা এক নিমেষ,
কথা না বললেও বুঝবো- বাকি আছে শেষ।
প্রথম প্রেম অমর, তার মৃত্যু নেই কোনোদিন,
সে-ই তো হৃদয়ের চিরকালীন বিধিনিষেধীন।

পরিত্রাণ

হে প্রভু,
তুমি জীবনে কর প্রভা দান
জীবনে কর জীবন দান
আলো-আধারি থেকে কর উত্থান
পাপ-পঙ্কিলতা থেকে কর পরিত্রাণ।

হে প্রভু,
তুমি মম চিত্তে কর আভা দান
চিত্তাকর্ষক কর তব ধ্যান
কলুষতা-কালিমা মুক্ত কর মন-প্রাণ
শয়নে-স্বপনে পাই যেন তব ঘ্রাণ।

হে প্রভু,
তুমি বিকশিত কর মম জ্ঞান
বিকশিত কর তন-মন-প্রাণ
সঠিক-সহজ-সরল পথে কর দিশাদান
দিয়োনা গো ব্যথা হবো যবে অর্ন্তদান।

হে প্রভু,
তুমি হৃদয়ে দাও শান্তির গান,
অশান্তি দূরে করো অজান।
বেদনা-বিষাদ মুছে করো প্রাণ,
তব প্রেমধারায় হোক পরিত্রাণ।

হে প্রভু,
তুমি জীবন করো সুমঙ্গলময়,
অন্ধকার মোছো দাও শুভময়।
সত্য-সুন্দর পথে রাখো সর্বদয়,
তব দয়ার ছায়ায় জাগে অনন্ত জয়।

আবরণ

মায়ার আবরণে, কেন বেঁধেছো আমায়
তব সুখ-সমৃদ্ধ জীবন- জীবনের ঐ আলোকধারায়।
মমতার আবেশে, কেন জড়িয়েছো আমায়
তব নির্ঝঞ্ঝাট সংসার- সংসারের ঐ ঝর্নাধারায়।

আদরের মাঝে, কেন দিয়েছ ঠাঁই আমায়
তব অঙ্গনের নিখাদ সোনায়- সোনাঝরা ঐ স্বর্ণকমলিকায়।
বিশ্বাসের ভরসায়, কেন স্থান দিয়েছ আমায়
তব নির্ভেজাল চলাফেরায়- চলন-বলনের ঐ নীল সীমানায়।

আবেগের স্রোতে, কেন ভাসিয়েছো আমায়
তব নিরবিচ্ছিন্ন ভালোবাসায়- ভালোবাসার ঐ রঙিন ছায়ায়।
অশ্রুর মণিহারে, কেন জড়িয়েছো আমায়
তব হৃদয়ের অন্তর্লীন ব্যথায়- ব্যথার ঐ মধুময় মায়ায়।

স্বপ্নের সমাহারে, কেন মিশিয়েছো আমায়
তব কল্পনার সীমাহীন ডানায়- ডানার ঐ উড়ন্ত আকাশে।
আকাঙ্ক্ষার ইমারতে, কেন বসিয়েছো আমায়
তব সতত পবিত্রতার ঐ উজ্জ্বল আলোছায়ায়।

চিরন্তন আকুলতায়, কেন বেঁধেছো আমায়
তব অম্লান স্মৃতি গাঁথায়- স্মৃতির ঐ অপরূপ নির্যাসে।
সময়ের আবর্তে, কেন রেখেছো আমায়
তব অস্তিত্বের সান্নিধ্যে- সান্নিধ্যের ঐ চিরকালীন মেলায়।

অববাহিকা

ময়নামতির শান্ত তীরে,
যেখানে গাঙশালিকের গান ভেসে আসে,
নৌকাগুলো ফেরে আপন ঘরে,
রঙিন পাল ছুঁয়ে দেয় সন্ধ্যার হাওয়াকে।

মাঝিরা বেয়ে চলে অক্লান্ত আশা নিয়ে,
দৃষ্টি নিবদ্ধ দূরের স্বপ্নপানে,
তীরের মানুষ নীরব মোহে,
চেয়ে থাকে কৌতূহলের আবেশে।

কিন্তু আষাঢ়ের ফুলে ওঠা স্রোত
যখন নদীকে ঘোলাটে গর্জনে ভরিয়ে তোলে,
ভাই, আমি তখন পাঁসি ভাসাতে ভয় পাই-
না, সেই বিপজ্জনক তরঙ্গে নয় কখনো।

কারণ জীবন-তরীও ভয়াবহ হয়
অশান্ত জল আর মেঘলা আকাশে;
বৈঠা ছাড়া, পথ-দণ্ড ছাড়া,
বছর থেকে বছর যাত্রা কেমন করে সম্ভব ?

তবু নদীর বুকে আলো ফোটে ভোরের রোদে,
ঝলমল করে ওঠে জলের গোপন স্রোতে।
অদেখা দিগন্ত ডাকে, সুর তোলে নবজীবনে,
স্বপ্নেরা জেগে ওঠে আশার উজ্জ্বল তরঙ্গে।

তীর থেকে তীর জুড়ে চলে জীবনের আহ্বান,
কেউ আসে, কেউ যায়- বুনে যায় অনন্ত গান।
অববাহিকার বুকেই মিশে সুখ-দুঃখের ধারা,
নৌকোর পালেই লেখা থাকে নিয়তির ইশারা।

সিক্ত

শ্রাবণের ঐ আনন্দ-ধারায় বাতায়ন পাশে বড় ভাল লাগে,
বারিধারার সাথে সাথে ঝাপটা হাওয়া যখন আসে।
রুক্ষ দেহ সিক্ত করে হৃদয় মাঝে বীনা বাজে
মন চলে যায় অনেক দূরে নায়েগ্রার ঐ জল প্রপাতে।

দিবাভাগের অবসানে যামিনী যখন কাছে আসে,
আদর করে বসাই তারে তিমির করে নয়ন পরে।
ঘন মেঘের স্বচ্ছ-ধারায় পরিচ্ছন্নতা চিন্তাধারায়,
শ্রাবণের ঐ বারিধারায় আনন্দ আসে জীবনধারায়।

সিক্ত প্রাণ ভরে ওঠে শ্রাবণের সেই বৃষ্টিসুরে,
জলকণার টুপটাপ শব্দে মাটির গন্ধে মধুময় নূপুরে।
সবুজ পাতার ফাঁকে ফাঁকে সুর কনকাকনের,
মনে জাগে অনন্ত স্রোত—নব দিন আগমনের ।

প্রকৃতি ঢাকে চারি দিকে তার রঙিন পাপড়ি মেলে,
বৃষ্টির গানে ধরা যেন প্রকাশে সুখের হেসে খেলে।
আলোর মাঝে আঁধার থাকে, তবু বৃষ্টি দেয় আহ্বান,
ভালোবাসার অনন্ত ধারা, সিক্ত করে মনপ্রাণ।

বিন্দু বিন্দু সে বরষণে দুঃখ ভেসে যায় দূরে,
জীবন খুঁজে নেয় নতুন আশা মাটির চিরসুন্দর নূরে।
শ্রাবণের এই সিক্ত হাওয়া মুছে দেয় ক্লান্তি, ক্ষয়,
বৃষ্টিধারার আনন্দ ছোঁয়ায় জাগে নবীন পরিচয়।

ঘন মেঘের আড়ালে বাজে রংধনুর সেতার,
সিক্ত ধরা জেগে ওঠে প্রেমের অপার।
শ্রাবণের সেই স্নিগ্ধ ছোঁয়ায় জেগে ওঠে প্রাণ,
বারিধারার সুরে লিখি জীবনের জয়গান।

আলিঙ্গন

শেফালির ঘ্রাণ ভরা শরতে
সময় যদি হয় বন্ধু সন্ধ্যাকালে,
এসো কিন্তু মনে করে ঐ বসতে
আয়েশ করে বসাবো তোমায় মোর গেহ মাঝে।

মনে যদি পড়ে বন্ধু কোনও অবকাশে
এসো তুমি, এসো তুমি - বন্ধু সকাশে,
আসার পথে হাঁটতে গিয়ে ঝরে যদি ঘাম
সে ঘাম আমি শিশির ভেবে পায়ে তুলে নিতাম।

বন্ধু, তব সখ্যতার করি স্মৃতি রোমন্থন
এ স্মৃতির মায়ায় ভেসে উঠে তব অবয়ব,
অবয়বের রূপরেখা অসান্নিধ্যে হয়নিকো ম্লান।

বন্ধু, তুমি এসো কিন্তু, করতে আলিঙ্গন
প্রতীক্ষায় থাকবো আমি প্রতিক্ষণ;
স্মৃতির সব ফলক ভেঙ্গে হয়না খানখান।

স্মৃতিকোষে তব কথা তাজা মনে হয়
তব অস্তিত্ব আজও সতেজ মনে হয়,
তব কর্ম, তব ধর্ম, জানি তব ব্যস্ততা।

তবু বাঁধবো না তোমায়, এ আমার প্রতিশ্রুতি,
বেঁধে তোমায় রাখবো নাকো - কথা দিলাম।

রসনার রূপান্তর

সাবেকি শাক, সাবেকি পোষাক
সেকেলে মনে হয় মাছের কালিয়া,
ডালনা, ছক্কা, লুচি, লংকার আভাস
বদলে চাই- চিলি চিকেন ইডলি দোসা, বিরিয়ানি বাস্।

সাবেকি খানা আর ভাল্লাগে না
ফুড আর ডিশ ছাড়া মন ভেজেনা,
হ্যাম বারগার, সেন্ডউইচ সাথে পানীয়
রং তামাশায় জমবে ভাল যদিও ভারতীয়।

রসনা ত্যাগ করেছে স্বাদকে, তুলে নিয়েছে টেস্ট
স্বাদে অরুচি, টেস্টিতে লাগে বেষ্ট,
স্বদেশী আনায় ভাঁঠাপড়ে- বিদেশীআনায় অভ্যস্ত
সব সময় পাশ্চাত্য করণে ব্যস্ত।

হট সস, চিলি সস সে তো ইউরোপীয়
স্টার ফ্রাইসের ব্যবহার সে-ও-তো,
ধীরে ধীরে অভ্যস্ত হচ্ছি মোরা এশিয়
স্বাদের সত্তাকে বিসর্জিত করেছি মোরা দেশীয়।

খোর্মা-পোলাও, কাশ্মীরি মোগ্লাই
গুজরাতি গোয়ান, শাহী মছন্মন,
আচার, চাটনি যত কোপ্তা-কাবাব
ব্রহ্মাতালূতে ব্রহ্মাস্বাদ লঙ্কাতিশয্যে।

ইলিশ মাছে আলু দেওয়া শাস্ত্র বিরুদ্ধ
আদায়-কাঁচকলায় এক হয়না নিপাতনে সিদ্ধ,
কাঁচা পেঁপে-ইলিশের ডিমের ডালনায়
কাঁচাকলায় মাগুর মাছ আহারে অপূর্ব।

অমৃতোপম রান্না ভাই, জিভে আসে জল
সে লোনা জলে ভিজে পিত্ত কাপে থর থর,
সুমিত মাত্রায়, সুনিয়ন্ত্রিত মশলায়
শীতের পাবদার ঝোল - জমে ধনেপাতায়।

কচি নিমপাতা ভাজা অনির্বচনীয়
তিক্ত আর কষায় স্বাদ অতুলনীয়,
কাব্যের নবধা রস অলঙ্কারশাস্ত্রে
খাদ্যের ছয়টি রস আয়ূর্বেদীয় মতে।

ব্যথাতুর পানে

তুমি, অমন করে কেন চাও আমি ব্যথাতুর পানে।
চোখের পরে অশ্রু ভাসে গগন কোলে মেঘ
মনের বনে অনল জ্বলে থাকি আমি পরান ভুলে।

তুমি, অমন করে কেন চাও আমি ব্যথাতুর পানে।
শিউলি বনে ঝি-ঝি ডাকে রাখাল বালক তরু তলে
কুল-মান- জাত গেল বাকী কিছু নাহি থাকলো।

তুমি, অমন করে কেন চাও আমি ব্যথাতুর পানে।
অরুণ কিরণে ফুলেরা হাসে কলকাকলিতে ঘুম ভাঙে
তবু মমচিত্ত সজাগ নহে কেন জানি তন্দ্রা রহে।

তুমি, অমন করে কেন চাও আমি ব্যথাতুর পানে।
নদীর জলে তরী ভাসে, বাউল গান বাজে দিগন্তে,
তবু আমার মন যে ডুবে রয়ে যায় নীরব কান্তে।

তুমি, অমন করে কেন চাও আমি ব্যথাতুর পানে।
পূর্ণিমারাতে চাঁদ উথলে, রূপে ঢেকে দেয় সব ব্যথা,
কিন্তু অন্তরে রয় যে শূন্য—সেই তো তোমারই কথা।

তুমি, অমন করে কেন চাও আমি ব্যথাতুর পানে।
হেমন্ত হাওয়ায় সোনালি পাতায় ঝরিছে অশ্রুর দোলা,
জীবনভরই তোমায় খুঁজি, তবু মেটে না সে ক্ষুধা।

আগ্রাসন

এমন ধ্বংস আমি দেখিনি মহাকালে
এমন ধ্বংস আমি দেখি নাই কোনকালে,
ইউরোপীয়রা পেয়েছে কী! এশিয়াটাকে,
মার্কিনীরা পেয়েছে কী! আমাদেরে।

করায়ত্ব করতে চায় মাটি আর মানুষে
হাতড়ে নিতে চায় ধন-জন-সম্পদে,
আগ্রাসী মনোভাব, সাম্রাজ্য বাদ
নহে নূতন কথা; পুরনো জমিবিবাদ।

মায়ের চেয়ে মাসীর দরদ আহা! কত কী
ফরিয়াদ বিনা- ই করতে চায় মাতব্বরী।
মোরা যত অভাগা-তেভাগার দল
পদলেহনে অভ্যস্ত- অন্তরে শতদল।

সুযোগ বুঝে কোপ-মারে দেশে আর দেহে,
ভেবে পাইনা করতে তদ্বির , রোগ মধুমেহে।
অমনি করে দিন যায়- ঘুন ধরে ভ্রাতৃত্বে,
দেশ গুলো খাড়া আছে যেন তাদের বদান্যতে।

তবু উঠুক বজ্রনাদ- স্বাধীনতার ডাক,
জাগো ভাই, জাগো আজ, ভেঙে দাও শৃঙ্খল পাক।
রক্ত দিয়ে গড়ব নূতন ভোরের আলোকধ্বজা,
জনতার হাতে ভাঙবে হস্ত সৈরাচারী শাসক যেথা।

আগ্রাসন রুখবেই, সত্যেরই তেজে,
মানুষ জিতবে মানুষ, মাটি ফিরবে আপন সাজে।
দিগন্তে উঠুক স্লোগান- মুক্তি! মুক্তি! মুক্তি!
জনতার হাতে ফিরুক বিশ্বে ন্যায়ের যুক্তি।

ইতিহাস বলে কতো রক্ত ঝরেছে মাটির টানে,
শহিদরা শপথ রেখেছে জীবন দানে।
    প্লাসির প্রান্তর, জালিয়ানওয়ালার হাহাকার,
    ভোলেনি ধরিত্রী, ভোলেনি বীরের অঙ্গীকার।

সাগরের ঢেউ বলে- "শৃঙ্খল ভাঙো",
আকাশের তারা বলে- "সত্যকে আঁকো।"
    যে দেশে সূর্য ওঠে, সে দেশে আশা মরে না,
    যে হৃদয়ে মানুষ বাঁচে, সেখানে আঁধার ঘরে না।

এসো মিলি, এসো এক হই,
ভাগের রাজনীতি ভাঙি, ভেদ রেখা মুছি।
    আগ্রাসন যতই করুক বিভাজনের খেলা,
    মানবতার জাগরণে ঘুচবে আঁধার বেলা।

নীরব অভিমান

তুমি বলেছিলে-- তোমারও মনে হয়।
ভেবেছিলেম-- হয়ত বা হয়,
`তবে আমার মত নয়।

তুমি এসেছিলে কাছে, বসেছিলে পাশে
বলিনি কিছু অভিমান বশে,
রাগ তুমি করেছ অনেক-- সে বুঝিয়েছে মোর বিবেক।

তুমি বলেছিলে-- তোমারও মনে হয়।
ভেবেছিলেম-- হয়ত বা হয়,
তবে আমার মত নয়।

অভিমান বশে কথা বলিনি, জিদের বশে কাছে ডাকিনি।
কেনই-বা ডাকবো!
তুমি আপন খেয়ালে রত, আপন অঙ্গনে মেতে থাকো।

তুমি বলেছিলে-- তোমারও মনে হয়।
ভেবেছিলেম-- হয়ত বা হয়,
তবে আমার মত নয়।

কৃপা একটু করেছ ভাই সুখের হাসি হেসে—
সে হাসিতে মুক্তো ঝরে,
সে হাসিতে প্রাণ জাগে, দূর হয় যত সব ম্লান।

তুমি বলেছিলে-- তোমারও মনে হয়।
ভেবেছিলেম-- হয়ত বা হয়,
তবে আমার মত নয়।

আজও নির্জন রাতে স্মৃতিরা ঘিরে ধরে,
হৃদয় বলে-- তুমি এলে তো সব ব্যথা সরে।
নীরব অভিমান- তোমার কথা ভেবে ঝরে অশ্রুর স্রোত।

লালফিতের বাঁধন

ঝাঁঝিয়ে কথা বলা--সে ভাল কাজ হয়,
কাজের জঠ খোলে, মন্থরতা সরে ধারা বয়।
লালফিতের বাঁধন গা সয়ে গেছে,
বারবার তাগিদ-উপরোধ, কাজ--নাহি হয়।

কখনও মনে হয় কাজটি হবেনা,
তারপরও যেতে হয়, ধৈর্য্যের বাঁধ ভাঙে,
ধৈর্য্যচ্যুতি ঘটে--নাহি থাকে ভয়।

আশা ছাড়া যায়না, আশা কুহকিনী আবারও দেখা দেয়,
অধীরতা বয়ে আনে নতুন প্রহর, মনের গভীরে জ্বলে আগুন।
লালফিতের খুঁচি ধরেই এগোতে হয়,
প্রতিটি ব্যর্থতায় লুকানো শিক্ষা খুঁজে পেতে হয়।

রাত্রির অন্ধকারও থামায় না যাত্রা,
সঙ্কল্প জাগে নতুন দিগন্তে আলো ছড়াতে।
মন্থর ধারা শেখায়--প্রতিটি ঢেউয়ের গল্প,
শেষে আসে স্থিরতা, আসে শান্তির ম্লান আলো।

লালফিতের বাঁধন আবারও মেলে নতুন পথে,
প্রত্যেক বাধা শেখায় দৃঢ় হতে, মাপতে যত ক্ষণে।
অবশেষে কাজের ফলকে জেনে পাওয়া যায় মধুর হাসি,
ধৈর্যের ধারা বইয়ে নেয় জীবনের সব ঝড়-ঝঞ্ঝা পাসি।

প্রতিটি পদক্ষেপে বাজে নীরবতার সুর,
শুনতে হয় অন্তরের কণ্ঠ, স্বপ্নের মৃদু ফুর।
যখন মনে হয় দিন থেমে গেছে, সময় ব্যর্থ,
সেই ক্ষণে উঠে আসে আশা--প্রাণে জ্বলে নতুন পলক।

লালফিতের বাঁধন শিথিল হলেও মন থাকে অটল,
বাধার মাঝেও জেগে থাকে সঙ্কল্পের আলো।
জীবনের প্রতিটি ক্ষণ শেখায়--অবিরাম চেষ্টা,
শেষে আসে ফল, আসে শান্তির মধুর যাত্রা।

ভাল লাগা

আমার ভাল লাগে ইলিশ মাছের
ঝোল, শর্ত হলো মাছটাকে ভাজতে হবে।

আমার ভাল লাগে নদী তীরে হাঁটতে,
শর্ত হলো ঘাসে ঢাকা তীর হতে হবে।

আমার ভাল লাগে হাত ধরে হাঁটতে,
শর্ত হলো কোমল কর হতে হবে।

আমার ভাল লাগে পাতি লেবুর শরবৎ,
শর্ত হলো শর্করা কম হতে হবে।

আমার ভাল লাগে জ্যোৎস্নায় বসতে,
শর্ত হলো নির্জন হতে হবে।

আমার ভাল লাগে উদ্দেশ্যহীন বিচরণ,
শর্ত হলো সে হবে শূণ্য চরণ।

আমার ভাল লাগে মনের মানুষের সঙ্গে গল্প করতে,
শর্ত হলো যথেষ্ট সময় থাকতে হবে।

আমার ভাল লাগে বইয়ের পাতায় হারানো,
শর্ত হলো শব্দালংকার উপলব্ধ মন হতে হবে।

আমার ভাল লাগে নীরব গজলে ডুবে থাকা,
শর্ত হলো হৃদয় শ্রুতিমধুর হতে হবে।

আমার ভাল লাগে চা ও চক্রাকার কথোপকথন,
শর্ত হলো থাকবে সেথা হাসি-খুশীর মধুর আলাপন।

আমার ভাল লাগে শিশুর হাসিতে ভেসে যাওয়া,
শর্ত হলো চোখে চোখ রাখার সাহস থাকা।

আমার ভাল লাগে গোলাপের ঘ্রানে স্মৃতি জাগানো,
শর্ত হলো সময় থেমে থাকতে হবে।

আমার ভাল লাগে গাছের ছায়ায় বসে থাকা,
শর্ত হলো পাখির কুহুতান শ্রবণেন্দ্রিয়ে বাজতে হবে।

আমার ভাল লাগে বর্ষার প্রথম বৃষ্টিতে ভেজা,
শর্ত হলো শিরঃপীড়ার দুশ্চিন্তা থাকবে না।

অন্তর্বহ্নি

ফুলগুলি সব চেয়ে থাকে
তোমার পরে কেন
রাতের আকাশ তারা ফুটায়
তোমার জন্য কেন।

অরুণ কিরণ বিল্ব-পত্র ফাঁকে
হাসছে কেন মিটমিট করে
পাখীর মনে এ দ্বিপ্রহরে।
খুশীর বন্যা কলরবে।

তোমায় দেখে রাখাল বালক
বাজায় কেন বাঁশী
তোমায় দেখে হাসে কেন
জ্যোৎস্না নিশির শশী।

কী আবেগে কিসের বেগে
প্রাণ থাকেনা প্রাণের নীড়ে
সরোবরের অথৈ জলে।
তল কেমনে পায় শাপলা মূলে।

তোমায় দেখে রত্নাকরে
ভাঁটায় কেন জোয়ার আসে
তোমায় দেখে অন্তর্বহ্নি
ধপাস্ করে কেন নেভে।

বিশ্বায়নের সুরের তানে
স্পন্দন আনে ব্যস্তমনে
কাজ থেমে যায় কাজের লোকের
তোমায় দেখে জনপদে।

তোমার হাসি শিশির বিন্দু,
তোমার ছোঁয়ায় ঋতুর রঙ;
তুমি এলে দুঃখ মুছে,
তুমি গেলে থেমে যায় ঢঙ।

তুমি আছো সূর্যোদয়ে,
তুমি আছো সাঁঝের গানে,
অন্তরেতে শিখা জ্বালাও,
শান্তি দাও অন্তিম টানে।

তোমার নয়ন জলের মতো,
তাতে ভাসে অগণিত তারকা;
তুমি যদি আলো হও তবে
জ্বলুক তুমি মহাকাশমণ্ডলে।

প্রেম তো শুধুই তোমার ছায়া,
তুমি তো প্রেমের মহাশ্বাস;
তুমি ছাড়া এ জীবন নদী
পায় না কোনো চূড়ান্ত আশ্বাস।

রাতের নিস্তব্ধতায় শুনি—
তুমি বাজাও অন্তরের বাঁশি,
সেই সুরে ভেঙে যায় সব বাঁধন,
মন ছুটে যায় অসীম আকাশি।

তুমি যেন এক অনন্ত শিখা,
যার আলোয় গলে যায় ঘন অন্ধকার;
তুমি ছাড়া দিগন্ত শূন্য,
তুমি এলে খুঁজে পাই সংসার।

অন্তর্বহ্নি নিভে যায় যদি
তোমার নয়নে না পাই দিশা,
তুমি তো আমার চিরসঙ্গী-
অস্তিত্বের মূল নিরব আশা।

অক্ষিগোলক

তোমার ঐ অক্ষিগোলকে- আমি নিজেকে দেখিতে পাই
ভয় হয়, কাপন হয় চোখে জ্বালা হয়,
জল আসে কত শত কথা মনে হয়
বর্তমান-ভবিষ্যৎ নিয়ে শঙ্কা হয়।

তোমার ঐ অক্ষিগোলকে- আমি নিজেকে দেখিতে পাই
তব কন্ঠস্বরে মম সুর মনে হয়
কর্নলতিতে পঠ-পট করে ব্যথা হয়
মাথাধরা, রিমঝিম শির ধাড়া ঠান করে সুখ হয়।

তোমার ঐ অক্ষিগোলকে- আমি নিজেকে দেখিতে পাই
কোমল চরণে শম্বূক হাঁঠা, সুডৌল করবাহু রাঙা রূপরেখা
জন্মজন্মান্তরের সহমর্মিতা
বাস্তবতার বালুচরে স্তব্ধ এ ভেলা।

তোমার ঐ অক্ষিগোলকে- আমি নিজেকে দেখিতে পাই
শুভ্র-শ্বেতকায় দণ্ডপাঠি, তীক্ষ্ণ নাসিকা একফালি শশী
প্রশস্ত ললাটের পরে সোনালী কেশ
স্মৃতির অবচেতনে কাটেনা যে রেশ।

তোমার ঐ অক্ষিগোলকে- আমি নিজেকে দেখিতে পাই
দ্বিধা হয় দ্বন্দ্ব হয় অপযশ! বুদ্ধিবিভ্রম হয়
মন চায়-আরও চায়
দয়া হয়, মায়া হয়- কেন এমন হয় ?

মিতা

বালুচরে হাঁটতে ভাল লাগে
যদি চর ভেজা ভেজা হয়,
টক খেতে ভাল লাগে
যদি তাতে সুমিত নুন-মরিচ হয়।

গান শুনতে ভাল লাগে
যদি স্বর-সুর ভাল হয়,
জীবনে-জীবন মেলাতে ভাল লাগে
যদি মনের মত মিতা হয়।

শীতের রাত বড় সুখময় হয়
যদি উষ্ণাভরণ নিজের হয়।
কণ্টকাকীর্ণ পথ কোমল মনে হয়,
যদি সহচরী সাথে রয়।

গ্রীষ্মের দাবদাহ হিম মনে হয়
যদি মৃদু-মন্দ বায়ু বয়,
জীবনে জীবন মেলাতে ভাল লাগে
যদি মনের মত মিতা হয়।

আকাশ হাতের কাছে মনে হয়
যদি ভাগ্য সুপ্রসন্ন হয়।
চাঁদকে বড়ই আপন মনে হয়
যদি গহন রাত আলোকিত হয়।

অথৈ সরোবর বারি কালো মনে হয়
যদি সে জল অধিক স্বচ্ছ হয়,
জীবনে জীবন মেলাতে ভাল লাগে
যদি মনের মত মিতা হয়।

আরশিতে নিজেকে বড় ভাল লাগে
যদি অবয়ব সুন্দর হয়।
কসরতে মন উৎফুল্ল হয়
যদি বাড়ন্ত তনু হয়।

অধিক ভক্ষন- সুখ-প্রদ হয়
যদি পরিপাক ক্রিয়া ভাল হয়,
জীবনে জীবন মেলাতে ভাল লাগে
যদি মনের মত মিতা হয়।

নদীর তীরে বসতে ভাল লাগে,
যদি পানির ঢেউ কোমল হয়।
বাতাসে ফুলের গন্ধে মাতোয়ারা হাওয়া,
যদি হৃদয় খোলা থাকে।

পথের ধুলোতে পা রাখতেও আনন্দ,
যদি পাশে প্রিয় কেউ থাকে।
জীবনে-জীবন মেলাতে ভাল লাগে,
যদি মনের মত মিতা হয়।

সন্ধ্যার আলোতে পথ চলা সুখদায়ক,
যদি চোখে চোখ থাকে আলোয়।
বৃষ্টির ছোঁয়ায় মাটি শীতল মনে হয়,
যদি হাত ধরে কেউ থাকে পাশে।

রাত্রি শেষে প্রথম রোদ যে ওঠে,
সে আলো মনে হয় স্বপ্নের মতো।
জীবনে-জীবন মেলাতে ভাল লাগে,
যদি মনের মত মিতা হয়।

শত কথা

কত কথাছিল তোমাকে বলার
কত কথা ছিল তোমাকে জানাবার,
তুমি কেঁদে কেঁদে হয়রান
তাই দেখে আমি পেরেশান।

আমার যা কিছু ছিল তোমায় শোনাবার
তোমার ক্রন্দন রোলে তা হারিয়ে আমি জেরবার,
এসো তুমি আমা পাশে বসো
সুখ-দুখের কথা আজি শুনো।

কত স্মৃতি আছে হৃদয়ের কোণে,
যা শুধু তোমার জন্য ফিসফিস করে বলে।
যত বেলা তুমি নীরব ছিলে,
আমি সেখানে সযত্নে তোমাকে খুঁজেছি।

চোখের কোণে জমে থাকা অশ্রু,
সেই অশ্রুতেও খুঁজেছি আনন্দের কণা।
কত সুন্দর মহৎ সৃষ্টি সৃজিয়াছে স্রষ্টা
আকাশ-বাতাস, জলধি- বারি নহে লক্ষ্যভ্রষ্টা।

এসো, হাতে হাত ধরে বসি পাশে,
ভোরের রোদে কাঁপা পাতা গুনে বলি কথা।
বাতাসের খসখসে ছোঁয়ায় মিশে যাক সব দুঃখ,
মনের কথা যেন নদীর মতো ধীরে ধীরে বয়ে যাক।

আরো শত কথা আছে আমি বলতে চাই,
যা লাফিয়ে আসে হৃদয়ের গভীর অরণ্যে।
তুমি শুনবে কি, শুধু শুনবে,
কথার বহর যেন মেলায় আমাদের মাঝে শান্তি।

তুমি থাকলে, চোখে চোখ রেখে,
সব ব্যথা, সব শূন্যতা ম্লান হয়ে যায়।
যেখানে শেষ নেই শূন্যতা, শেষ নেই কষ্ট,
এসো, আজ গল্প করি,শুধু কথা, অনন্ত মুহূর্ত।

নীলাঞ্জনা

নিস্পৃহ, নিস্তব্ধ হয়নাকো কোনদিন,
এ মোর চাওয়া তব কাছে ওগো অনামিকা।

নিস্পন্দ, নিস্তরঙ্গ সমুদ্রের মত নিস্তেজ হয়োনা,
এ মোর বাসনা তব কাছে ওগো মালবিকা।

নির্বিকার, নির্বিচার নির্বুদ্ধিতা তোমায় যেন পায়না,
এ মোর কামনা তব কাছে ওগো কমনিকা।

নিষ্প্রভ, নিষ্প্রাণ, নিষ্প্রতিভ যেন কাছে ভিড়েনা,
এ মোর আকাঙ্খা তব কাছে ওগো অঞ্জলিকা।

নিশ্চেষ্ট, নিশ্চল, নির্লিপ্ততা তোমার যেন কাছ ঘেষেনা,
এ মোর আশা তব কাছে ওগো চয়নিকা।

নিস্তব্ধ, নিরবধি মন তোমায় যেন দেখেনা,
এ মোর প্রার্থনা তব কাছে ওগো সুললিকা।

নিষ্কলঙ্ক, নির্জাগ্র, নিষ্কাম যেন কাছে খুঁজেনা,
এ মোর ইচ্ছে তব কাছে ওগো প্রণলিকা।

নিস্তরঙ্গ, নিষ্প্রাণ, নিস্পৃহ যেন কাছে না আসে,
এ মোর আকাঙ্খা তব কাছে ওগো কাঞ্চনিকা।

নিষ্পূর্ণ, নিঃসঙ্গ, নিস্তরল যেন তোমার চোখে ঘোলা না হয়,
এ মোর বাসনা তব কাছে ওগো সঞ্চালিকা।

নির্বিকার, নির্বিশেষ, নিরলস যেন কাছে না যায়,
এ মোর কামনা তব কাছে ওগো মননিকা।

শুভ কামনা

তব শুভ কামনায় আমি প্রাতে উঠে যাই,
ও আমার আপনার সাগরসেচা মানিক,
তব শুভ হওক- এইটুকুই আমি চাই।

তব শুভ কামনায় আমি সদা-সতর্ক রই,
ও আমার হীরে-চুনী পান্না,
তব শুভ হওক- এইটুকুই আমি চাই।

তব শুভ কামনায় আমি রাত জেগে রই,
ও আমার আপনার নীল ধ্রুবতারা,
তব শুভ হওক- এইটুকুই আমি চাই।

তব শুভ কামনায় আমি স্বপ্নে ভাসি,
ও আমার চিরসবুজ বটবৃক্ষ,
তব শুভ হওক- এইটুকুই আমি চাই।

তব শুভ কামনায় আমি বাতাসে গাই,
ও আমার বাতির আলো- নীরব দীপিকা,
তব শুভ হওক- এইটুকুই আমি চাই।

তব শুভ কামনায় আমি নদীর ঢেউয়ে ডুবে যাই,
ও আমার সলিল সমাধি নিরবতা ভরা,
তব শুভ হওক- এইটুকুই আমি চাই।

তব শুভ কামনায় আমি ফুলের গন্ধে মাতোয়ারা হই,
ও আমার রঙিন কুসুম- অমলিন হাসি,
তব শুভ হওক- এইটুকুই আমি চাই।

তব শুভ কামনায় আমি জীবনের পথে চলি,
ও আমার সঙ্গী- নিরব মমতা,
তব শুভ হওক- এইটুকুই আমি চাই।

প্রিয়া

যে কেহ দেখিয়াছে তাহার প্রিয়ারে আবছা-আধার আলোকে,
শয়নে-স্বপনে, দিবস-যামিনী আর ভাবনাতে,
ভোরের আলোয়, প্রভাত ফেরীতে, সূর্য ওঠা প্রাতে,
সবার সাথে, সবার মাঝে একান্তে, নিরিবিলিতে।

যে কেহ পাইয়াছে তাহার প্রিয়ারে নিজের মত করে,
যতই দূরে থাকুক, সে দূর থেকেও আমায় স্মরে।
প্রতিটি ক্ষণ, প্রতিটি মূহূর্ত আমার কথায় ভেবে মরে,
সবার অলক্ষ্যে, সবার মনে, যদি চিরে বসেছে ঘরে।

যে কেহ ভালবাসিয়াছে তাহার প্রিয়ারে অকৃপনভাবে,
প্রিয়াও তাহারে বাসিয়াছে ভাল অকুতোভয়ে।
এ ভালবাসা অকিঞ্চন নয়, অকৃত্রিম, অতিমানবীয়,
সবার গোচরে, সবার অবগতে, অবারিতভাবে।

এ ভালবাসা চিরন্তন, অনাদি, অনন্ত, অফুরন্ত,
ভালবাসায় নিবেদিত প্রাণ- শীত, শরৎ, বসন্ত।
এ ভালবাসা সত্য, মহৎ, চমকৃত,
ভালবাসায় জীবন উৎসর্গ প্রজন্মের পথিকৃত।

যে কেহে স্বপ্ন বাঁধিয়াছে,
যে কেহে হৃদয় সমর্পণ করেছে,
প্রিয়ার মাঝে সে প্রতিফলিত-
প্রতিটি হাসি, প্রতিটি চোখে আলো।

যে কেহে ভালোবাসা জাগিয়াছে,
প্রিয়ার স্পর্শে সে চিরন্তন হয়েছে।
নিরবধি ভালবাসার জলে ভেসে যায়,
প্রতি ক্ষণ, প্রতিটি প্রহর- স্মৃতির মতো নিরন্তর।

প্রিয়ার মধ্যে জীবন মেলায়,
প্রিয়ার মধ্যে অনুভূতির পূর্ণতা।
এ ভালবাসা- শুধু অনুভব, শুধু একান্ত,
চিরকালের জন্য, সীমাহীন, অপরিমেয়।

আশার প্রভাত

এখনও উত্তরাকাশে ধ্রুবতারা উঠছে,
চাঁদ হাসে, ভোর হয়, পাখী কলরব করছে।
এখনও আকাশে-মেঘ উঠে, বৃষ্টি হয়,
বৃষ্টিস্নাত হয়ে বসুন্ধরা উর্বর হয়।
এখনও শিশুরা হাসে, ফুল ফুটে।

ফুল ফুটে বলেই ফল হয়,
এখনও নদী দিয়ে জল বহে, বান আসে,পলি জমে।
চর ভরাট হয়, অববাহিকায় শস্য জন্মায়,
এখনও মানুষ আকাশ কুসুম কল্পনায় সুখ পায়,
কল্পনায় কম্পলোকে বিচরণে আনন্দিত হয়।

এখনও অশ্রুর ধারা বুক ভিজিয়ে যায়,
তবুও ভালোবাসা মানুষের হৃদয় ছুঁয়ে যায়।
এখনও সঙ্গীত বাজে, বাঁশি গুনগুন করে,
জীবনের সুরে মানুষ নতুন ভোরের খোঁজে মরে।

এখনও বাতাসে ধানের গন্ধ ভেসে আসে,
কৃষকের ঘামে স্বপ্নের ফসল হাসে।
এখনও প্রদীপ জ্বলে আঁধার রাতে,
মানবের আশা পথ দেখায় আগামী প্রভাতে।

এখনও কবির কলমে নতুন কবিতা জন্ম নেয়,
বেদনার ভেতর থেকেও আনন্দের গান বয়ে যায়।
এখনও মানুষ স্বপ্ন দেখে এক শান্তিময় ভুবনের,
যেখানে জীবন হাসে মুক্তির অরুণ আলোকধারায়।

এয়োস্তি

তোমায় কিন্তু দেখে তা'রা ঘ্রাণ-সুষমায় হৃদয় ভরা
জ্যোৎস্না স্নাত যামিনী, শিশির-ভেজা ভোর,
ফুলের বনে বাজলো তখন কনকাকনের সুর।

এয়োস্তির ঐ রাঙ্গা রঙ যখন ভালে চমকায়,
তোমাকে বড় মানানসই লাগে ঝুমকায়,
পূর্ণ শশী নভোনীলে পাশে তারকা ঝলকায়
গ্রহানুপুঞ্জে গ্রহের স্থান, জ্যোৎস্নায় ভূবন আলোময়।

তোমায় দেখে তা'রা ঘ্রাণ-সুষমায় হৃদয় ভরা,
জ্যোৎস্নাত যামিনী, শিশির-ভেজা ভোর,
ফুলের বনে বাজলো তখন কনকাকনের সুর।

বসুন্ধরা পৃষ্ঠে সবে দাপিয়ে বেড়াও তুমি,
ধরিত্রী মিটায় তৃষা, তব পদ চুমি।
সাগর-মহাসাগরে থাকা যত মুক্তোমাণিক,
সরোবর আর বিল-বাদাড়ে কত শাপলাশালিক।

তোমায় দেখে তা'রা ঘ্রাণ-সুষমায় হৃদয় ভরা,
জ্যোৎস্নাত যামিনী, শিশির-ভেজা ভোর,
ফুলের বনে বাজলো তখন কনকাকনের সুর।

এয়োস্তির রঙে ভেসে ওঠে আকাশের মেলবন্ধন,
প্রান্তরের গগনেও শ্যামল ছায়া ঢেকে যায়।
পাহাড়-উপত্যকায় বয়ে যায় ঝর্ণার গান,
মধুময় বাতাসে খেলা করে সবুজ পাতার জান।

সূর্য উঠার প্রভাতে রূপচক্র ঘুরে যায়,
তোমার পদচারণায় ধরণী যেন হাসে।
জলছত্রে সাগরের ঝিকিমিকি,
অরুণ আলোয় নীলমণি ঝলমল করে।

অক্ষয় ভালোবাসা

দীর্ঘদিন তুমি কাছে আসোনি তবু ভুলিনি তোমায়
অন্তরে গাথা আছো তুমি, ভূলিব কেমনে তোমায়
তোমায় নিয়ে হাঁটবো আমি লোনা-জল ভেজা সাগর সৈকতে
তোমার সাথে খেলবো আমি জ্যোৎস্নারাতের আবছা আলোতে।

তুমি প্রিয়তমা, মোর প্রিয়া- খোদিত মম- হৃদয়ে
তোমায় নিয়ে বসব আমি শ্যামল পাহাড় ঢালুতে।
নিখাদ তব ভালবাসা প্রতিদান যে দিতে পারিনি,
জানি তুমি আমায় চাহ আমায় নিয়ে শত ভাবো
ভালবাসার গাঢ় আবরণে তুমি ঢেকেছো আমায়।

তোমার স্মৃতিতে বোনা প্রতিটি দিন, প্রতিটি রাত,
হৃদয়ের কোণে সযত্নে রাখা অমলিন স্পর্শ
আমরা একসাথে থাকবো না হয় স্বপ্নের জগতে,
তবুও ভালোবাসা থাকবে অক্ষয়—চিরন্তন, অবিনশ্বর।

ভালোবাসার গাঢ় আবরণে তুমি ঢেকে রেখেছো আমায়,
প্রতিশ্রুতি দিচ্ছি—চিরকাল রাখব স্নেহের পরশে তোমায়।
তোমার চোখের জলে ভেজা স্বপ্ন আমার হৃদয় স্পর্শ করে,
তোমার হাসির উষ্ণতায় বাঁচে জীবন, খুঁজে পায় নতুন পথে।

রাত্রির নিস্তব্ধতায় তোমার স্মৃতির আলো জ্বলে,
প্রতিটি নিঃশ্বাসে তব নাম মম কণ্ঠে গুঞ্জন করে।
সময় থেমে থাকুক, এ মুহূর্ত হোক চিরন্তন,
ভালোবাসা বয়ে যাক আকাশ-সাগর-পাহাড়ে আমরণ।

কঠিন প্রেমের ডোরে

তুমি বিহনে মম হৃদয় মরু-সাহারা,
তোমায় নিয়ে ভিজবো আমি মেহেন্দির ঐ রাঙা করে (হাতে)
বসন্তের মোহময় দিনগুলোতে ছিলেম তোমা থেকে যোজন দূরে
শীতের কুয়াশায় ঢাকা সবুজ লনে উষ্ণতাক্ষায় স্পর্শ করতলে।

কঠিন প্রেমের ডোরে তুমি বেঁধেছো আমায়,
তাই দেখা যায় ঈর্ষা ঘেরা ভবঘুরা যুবমনে।
তাইতো আমি পালিয়ে বেড়াই তব দূরে,
সঙ্গোপনে খুঁজে ফিরি তোমার মমতার ছায়া।

গোলাপের পাপড়িতে আমি তোমাকে দেখিতে পাই
প্রণয়-পরিণয়ে তোমায় নিয়ে আমি মঙ্গল গ্রহে যেতে চাই।
আমি দেবদাস, তোমার দেবদা- তুমি মম পারুল,
মম-হৃদয়ের পারু- থাকতে পারো তুমি দীর্ঘ-অমানিশা।

তুমি বিহনে মম হৃদয় মরু-সাহারা
তোমায় নিয়ে ভিজবো আমি মেহেন্দির ঐ রাঙা করে।
বসন্তের সুন্দর মোহময় দিনগুলোতে
ছিলেম তোমা থেকে সহস্র যোজন দূরত্বে।

শীতের কুয়াশায় ঢাকা সবুজ লনে,
উষ্ণতাক্ষায় বিভোর- স্পর্শ পেলাম করতলে,
রাতের নিস্তব্ধতায় তব অবয়বখানা ভাসে,
চাঁদের আলোয় তব ছবি জেগে ওঠে মনে।

তোমার হাসির উষ্ণতায় আমি হারাই সমস্ত দুঃখ,
তোমার চোখের জলে ভিজে যায় প্রতিটি স্বপ্ন।
এই ভালোবাসা চিরকাল অক্ষয়, অমর,
হৃদয়ের প্রতিটি ছায়ায় তুমি চিরবসন্তে ভাস্বর।

দ্বিপ্রহরের সুরভি

ঐ বনের পাখী- দ্বিপ্রহরে আপন মনে গায়
আমি একলা ঘরে শোয়ে কান পেতে রই
কি গাহিতেছে বনের পাখী কী যে গান গায়
আামি বুঝিতে নাহি পাই।

ঐ বনের পাখী- দ্বিপ্রহরে মনের কথা কয়
আমি তখন দ্বারপ্রান্তে কান পেতে রই
কি বলিতেছে সে পাখী কী যে কথা কয়
আমি বুঝিতে নাহি পাই।

ঐ বনের পাখী- দ্বিপ্রহরে কেন জানি গায়
আমি অমন মোহের বশে কান পেতে
রই কি কহিতেছে 'সেই সে পাখী কী কথা কয়
আমি তার সকল কথা শুনিতে নাহি পাই।

ঐ বনের পাখী- দ্বিপ্রহরে আপন মনে গায়,
আমি একলা ঘরে শোয়ে কান পেতে রই।
কি গাহিতেছে বনের পাখী, কী যে গান গায়,
আমি বুঝিতে নাহি পাই।

ঐ বনের পাখী- দ্বিপ্রহরে মনের কথা কয়,
আমি তখন দ্বারপ্রান্তে কান পেতে রই।
কি বলিতেছে সে পাখী, কী যে কথা কয়,
আমি বুঝিতে নাহি পাই।

ঐ বনের পাখী- দ্বিপ্রহরে কেন জানি গায়,
আমি অমন মোহের বশে কান পেতে রই।
কি কহিতেছে সেই পাখী, কী কথা কয়,
আমি তার সকল কথা শুনিতে নাহি পাই।

ঐ বনের পাখী- দ্বিপ্রহরে করে মধুর আলাপন,
সূর্যের আলো যখন পাতার ফাঁকে খেলায় নাচে,
প্রতিটি নিঃশ্বাসে জাগে অজানা এক রঙিন স্মৃতি,
যা শুধু বোঝে সে, যে শুনে প্রকৃতির গোপন গতি।

লতাবিতান

লতাবিতানের পাশে আম্রকাননে বসে
খেলা করে কচিকাচারা চেয়ে চেয়ে হাসে।
অবুজ অবোধ সহজ শিশু মন,
শিশু ভাষায় পরস্পর করে আলাপন।

তাদের ভাষা বুঝেনাকো ভাষাবিদজন,
তাদের বায়না পূরণ করতে পারে না আপনজন।
কোমলমতি শিশু তারা মানে না বারণ,
নিষেধ কেন? জানতে চায়না তার কারণ।

লতা-গুল্মের ফাঁকে রোদ্দুরের খেলা,
তাদের হাসি যেন সোনাঝরা মেলা।
আলো-আঁধারের সুরে বাঁধা গোপন গান,
পাখিরা গেয়ে চলে শিশুর প্রাণে প্রাণ।

মাটির গন্ধে ভিজে রঙিন স্বপ্নলোক,
তাদের চোখে ঝরে ভবিষ্যতের শ্লোক।
সেই নিষ্পাপ ছন্দে আছে অনন্ত শক্তি,
শিশুর মনে লুকায় যুগান্তরের ভক্তি।

রাতের নীলে তারা যখন ঝলমল করে,
শিশুদের স্বপ্ন তখন আকাশে ভেসে বেড়ে।
চাঁদের আলোয় নরম পাতা নাচে নিঃশব্দে,
সন্ধ্যার হাওয়ায় গাইছে শিশুদের আনন্দে।

মধুর হাসি ছড়িয়ে যায় প্রত্যেক কোণে,
শিশুমনের রাজ্যে নেই কোনো ভয়, কোনো তাপে।
প্রতিটি নিঃশ্বাসে খুঁজে পায় তারা মুক্তি,
সফল জীবন শুরু হয় শিশুমনের অন্তর থেকে।

বাতায়ন

দক্ষিণা বাতায়নে বসে পটুয়া,
দৈবাৎ শিঞ্জনে জাগে চেতনা।
সমুখেতে দাঁড়ায় মম দুলালী,
পিত্রালয়ে আসিছে, থাকিবে নিশি।

ভোর
বৈশাখের মন্ত্রে কাটে ঘুমঘোর,
জীবন খুলে দেয় প্রথমই দ্বার।
কাকলি ওঠে ভবিষ্যতের গান,
অতীতের ভার রেখে যায় প্রাণ।

দুপুর
তপ্ত রোদে খুঁজে মানুষ ছায়া,
শ্রমের ঘামে ভিজে যায় মায়া।
স্বপ্ন আর সংগ্রাম পাশাপাশি চলে,
মানুষ খুঁজে নেয় নিজেরই ফলে।

সন্ধ্যা
আকাশে রঙ মেশে লাল আর ধূসর,
দিনের শেষে বেজে ওঠে গোপন অন্তর।
প্রাপ্তির সুরে তবু আক্ষেপ মেশে,
জীবনের পাঠ আবার নতুন করে লেখে।

রাত্রি
নয়ত নিক্কণ শয্যায় শোয়ে শশী,
স্বপ্নে রঙ মিশে জাগে অনন্ত নিশি।
বাতায়ন কেবল জানালা নয়—
এ এক পথ, যেখানে মানুষ নিজেকেই খুঁজে পায়।

চেপে রাখা কথা

চেপে রাখা কথা মনে কষ্ট দেয়,
বুকে ব্যথা হয়, চারিদিক শূন্য মনে হয়।
তবু বলতে নাহি হয়, চেপে রাখতে হয়,
রাখলে ভালো হয়, যদিও কষ্ট হয়।

জিজ্ঞেস করো না সেই সব কথা,
শুনলে পেয়ে যাবে না পাওয়া ব্যথা।
বিমর্ষ-বিষণ্নতায় ঘেরা সেই সব স্মৃতি,
যবনিকায় আড়ালে রেখেছে রব।

অন্তরালে, অবচেতনে, অনিচ্ছায়,
ভুলে যাওয়া যায় না দৃঢ় ইচ্ছায়।
স্মৃতির ছায়ায় চোখ ভিজে থাকে,
মন বলে কিছু, কিন্তু কণ্ঠ চুপ থাকে।

কথা হয় স্বপ্নের মতো দিগন্তে,
যেখানে হারায় আশা, পাওয়া না কিছু।
প্রতিটি নিঃশ্বাসে লুকিয়ে থাকে কথা,
যা বলা যায় না, ছুঁয়ে যায় শুধু হৃদয়।

রাতের নীরবতায় চুপচাপ কাঁদি,
চিন্তা, স্মৃতি, ব্যথা সব মিলায়।
তবু হৃদয় জানে, সময়ের আড়ালে,
এই চুপচাপ কথাই হয় শক্তির খাঁচা।

একদিন হয়তো শোনাবে অন্তর,
যখন কষ্টের পরিধি হারিয়ে যাবে।
তখন বেদনা হবে মুক্তির আলো,
চেপে রাখা কথার ভার হঠাৎ হালকা হবে।

নীরবতা মাঝে শোনে শুদ্ধির সুর,
যা হারানো মনে আবার ফিরে আসে।
প্রত্যেক দুঃখের শেষে লুকিয়ে থাকে আলো,
যা চুপে চুপে হৃদয়কে জাগিয়ে দেয়।

প্রার্থনার মতো গভীর নিঃশ্বাসে,
বেদনার নদী হয়ে যায় শান্তি।
চেপে রাখা কথা হয় আলো, হয় বিশ্বাস,
হৃদয়ের আকাশে খোলে নতুন আশা।

প্রত্যাশা

একটি গাড়ী, একটি বাড়ী,
আর আকাশে উঠার একখানা সিঁড়ি,
একটু আশা, একটি সুন্দর বাসা,
অনেক কষ্ট, তারপর হতাশা।

প্রাত্যহিক জীবন সংকটাপন্ন,
সামলে চলতে হয় যদিও অবস্থাপন্ন।
অনেক বুদ্ধিমান, তবু বিভ্রাট,
সাম্রাজ্য নাই, তবুও সম্রাট।

সুন্দর নীড়, সুখী সংসার,
দেখে মনে হয় না শূন্য অন্তঃসার।
স্বপ্নগুলো জমে থাকে চোখের পাতায়,
বাস্তব যেন বাঁধা দেয় প্রতিটি প্রাতায়।

অর্থের টান, সময়ের অভাব,
তবু মনে আশা- আসে নতুন সুরের চাপ।
বাধা যতই আসুক, পথের বাঁকে বাঁকে,
মানুষ তো থামে না, এগোয় নিজের ডাকেই।

হয়তো সে গাড়ী, হয়তো সে বাড়ী,
পাবে না সবাই, পাবে না ভারী।
তবুও প্রত্যাশা রাখে প্রাণ জাগ্রত,
স্বপ্নেই মানুষ খুঁজে পায় ভবিষ্যতের রথ।

আজ না হোক, কাল নিশ্চয়ই আসবে দিন,
যখন পূর্ণ হবে আশা- রঙিন হবে চিন।
সেই দিনের আশায় বাঁচে প্রতিটি প্রাণ,
প্রত্যাশাই তো মানুষকে করে অম্লান।

মহামানব

(নবী মুহাম্মদ ﷺ -শানে উৎসর্গিত)

মরুর দেশে উঠে আসা সেই লুললিত কণ্ঠস্বর, নূরের বাণী,
অন্ধকারে জ্বলে ওঠা সাগরের প্রদীপ, আলোকধ্বনি,
তিনি- মুহাম্মদ ﷺ- শান্তির সেতু, দিগন্ত-খোলা দিশারী
যাঁর পদচিহ্নে ভেসে ওঠে দয়ার মানচিত্র, মুক্তির দীপ্তি।

গুহার নির্জন প্রাচীরে যখন নেমে আসে ঐশী বাণী
মানবতার বুক ভরে ওঠে আলোর প্রত্যাশা ধ্বন,
অশ্রুত সুরে তিনি শোনালেন করুণা ও তাওহিদের অমর কথা
যেখানে প্রতিটি শব্দ নদীর মতো নির্মল, স্ফটিকের মতো স্বচ্ছতা।

তিনি মুহাম্মদ ﷺ- শিখিয়েছেন-
তিনি কেউ নয় ক্ষুদ্র, কেউ নয় মহীয়ান, ন্যায়ই চিরন্তন,
নারীর নয়নে জ্বালালেন সম্মানের অগ্নিশিখা,
দাসের হৃদয়ে জাগালেন মুক্তির আনন্দদ্বিখা।

মক্কার শুষ্ক ধূলো থেকে মদিনার সবুজ অঙ্গন,
তাঁর জীবন হলো অবিচল ধৈর্যের দর্পণ-
অপমানের আঁচড়ে ভাঙেননি, ছিলেন অবিচল, দৃঢ়,
যুদ্ধের গর্জনের মাঝেও শান্তির সাদা কবুতর।

তিনি জ্বালালেন নক্ষত্র হয়ে শান্তির চির আলোকপথ
বিশ্বভূবনে গড়েছিলেন মানবতার মহাসনদ,
অন্যায়-অবিচার আর ব্যভিচার হয় নিরসন
প্রতিষ্ঠিত হয় নারী অধিকার, হয় কুসংস্কার অবসান।

বিশ্ব যখন ক্লান্ত বিষাদ, আগ্রাসন আর বিভাজনে
সেই মুহূর্তে তিনি দাঁড়ান নক্ষত্রের মতো দীপ্ত হয়ে ,
তুমি নূরের পথের অমর জ্যোতিষ্ক, মানবতার দিশারী,
তোমার নামেই শুরু হোক প্রতিটি হৃদয়যাত্রা-পবিত্র, আলোভারি।

হে নবী ﷺ-, তোমার বাণীতে বাজে সভ্যতার শ্রেষ্ঠ শান,
তোমার আলোয় জেগে ওঠে মানবসভ্যতার প্রাণ।
তুমি চিরন্তন শান্তির ভাষা, নূরের দীপ্ত অনুপ্রেরণা,
তুমি পথের পাথেয়, প্রেমের চিরন্তন জ্যোতিষ্মনা।

অবশ্যম্ভাবী

কলি যখন এসেছে- কুসুম ফুটতে কি দেরী হতে পারে?
ভোরের আলো যদি ফুটে- দিবস কি দূরে থাকে,
আকাশে মেঘ উঠলে অচিরে বৃষ্টি হবেই।

শীত যদি আসে- বসন্ত কি দূরে থাকতে পারে?
কৈশোর যখন এসেছে- যৌবন কি দূরে থাকে,
শশীর পূর্ণতায়; পরিণত ক্ষণে ধরিত্রী জোৎস্নাস্নাত হবেই।

পৃথিবীতে যখন আসা হয়েছে-চাঁদে যেতে কি দেরী হতে পারে,
মৌমাছি যদি বাসা বাঁধে- মৌচাকে মধু কি দূরে থাকে,
সমুদ্র যখন হাতছানি দিচ্ছে, রত্ন কুড়োতে যে হবেই।

জন্ম যখন হয়েছে, মৃত্যু কি দেরী হতে পারে?
নদী যখন বয়ে যায়, তার স্রোত কী থমকে যেতে পারে?
সূর্য উদিত হলে সময়ান্তে অস্তমিত হবেই।

বীজ যদি মাটিতে পড়ে, গাছ কি জন্মাবে না?
ধন যদি রোপণ হয়, ফল কি আসে না?
চেষ্টা যদি নিখুঁত হয়, সাফল্য কি আসতে দেরী করবে?

জীবনের প্রতিটি পদক্ষেপ ফলাফলের দিকে ধাবিত।
প্রত্যেক অল্প চেষ্টা একটি নতুন আশার দিশা দেয়।
সময় অচিরেই পথচলার সকল গোপন রহস্য উদঘাটন করে।

বৃক্ষ যতই বড় হোক, তার মূল মাটির গভীরে থাকে।
প্রেম যত গভীর হোক, তার ফল অচিরেই ধরা পড়ে।
সমুদ্র যতই বিশাল, নদীর স্রোত তার দিকে প্রবাহিত হয়।

প্রতিটি সূর্যোদয় নতুন আশার বার্তা বহন করে।
প্রতিটি সন্ধ্যা নতুন উপলব্ধির শিক্ষা দেয়।
জীবনের সকল চক্র, প্রেম ও ধৈর্যের সাথে অবশ্যম্ভাবী।

মুসকান –বাংলা নববর্ষের এক উপহার

নববর্ষ বরণের আয়োজনে
বরণ করে নিলাম মুসকানেরে
যখন নববর্ষের ভোর জেগে উঠলো,
জন্নত হেসে বলল আশীর্বাদ খুশির ঝলকলো।

ছোট মুসকান আলোয় এলো ভরে,
বৈশাখের দিনে ফুটলো যেন ভোরের সূর্যকে ধরে।
তুকতুলে ত্বক, টকটকে লাল অম্লান দীপ্ত
ফুটফুটে চেহারা পাপড়ির মত রেশমী অবয়ব।

নীলাভ চোখ, মিটমিটে চাহনি
কোমল ও স্নিগ্ধ সামিহার মিষ্টি হাসি,
বৈশাখের পূর্বরাত্রির ঐ বারিধারা
মনে পড়ে আজও সেই সজলধারা।

মুসলিহা যখন এসেছিল ধরায়
দাঁড়িয়েছিলাম শিশুকল্যানে একপায়।
ও প্রিয় ভাগ্নী, আমাদের শিরোপা,
প্রতিটি দৃষ্টিতে, প্রতিটি স্বরে এক উপমা,

নববর্ষের ভোর মনে করিয়ে দিক সদা,
তোমার আগমন – সেরা উপহার এ যাত্রা।
আশার তারা, কোমল এক আলোক ধারা,
মুসকান, চিরকাল তব নাম হোক ধন্যসারা।

প্রতিটি ধাপে যেন বাজে আনন্দের ঢেউ,
মুসকান, তুমি যেন স্বপ্নের এক অমলিন জ্যোতিস্রোত।
নববর্ষের মধুর সকাল, হবে অনাগত দিন আলোময়,
চিরকাল হোক তব জীবন সমৃদ্ধি আর সুখময়।

মুর্শিদী -তাসাউফের পথে

মুর্শিদ, তব প্রেম-নদীতে ভাসাই আমি প্রাণের তরী
দিগ্‌দিগন্তে শুনি তব নাম, তুমি যে মারেফাতের কাণ্ডারী,
জমানার বুকে তব নাম শুনে, তৃষ্ণার আগুন হলো জ্বালা
তুমি না দিলে দয়া-জলধারা, বাঁচিব কেমনে হায় নিরালা।

> মুর্শিদ আমার রওশন-জ্যোতি, তুমি যে অন্তর-আসমান
> তোরই দৃষ্টির একটুকু নূর জাগায় অন্ধ প্রাণ,
> গগন-তলে তব ডাক শোনা যায়, তুই যে পথের সত্য বাতি
> তুমি না হলে এ জীবনের কোথায় পাব শান্তি।

মরুপ্রান্তের অশ্রুধারায় তোমারই তরী দেখি ভাসে
তুমি যে স্রোতের নদী আমার— ফিরে যায় নবীর পাশে,
তব দরশনে খুঁজে পাই আমি রূহের রহস্য-রূপ
তুমি যে আসমানের সিঁড়ি মোর সতত রাহবর্‌।

> মুর্শিদ, তুমি যে হকের পথে আলো
> তব স্মরনে দুনিয়া মুছে যায়, থাকেন শুধু পরম দয়াল,
> তব ধ্যানে মিশে যায় হৃদয়, তব সোহবতে জাগে প্রেম
> নবী নাম উদ্ভাসিত হয়, আল্লাহর নূর প্রতিফলিত হয়।

মুর্শিদ তব দরশনে বিহনে মনে পাই না শান্তি
তুমি না হলে ক্বলব কাহার দিশায় মাটি,
মুর্শিদ, তুমি যে নবীর নূরের ছায়া
তোমার দোয়াতেই মোর অন্তর পায় দিশা।

> মুর্শিদ,নূরের মুর্শিদ, তোমায় ছাড়া কাহারে চাই?
> তোমার প্রেমে ডুবে ডুবে, আল্লাহর রাহ খুঁজে পাই,
> দুনিয়ার দৌলত সব মরীচিকা-ছায়া
> তুমি না দিলে দয়া-ধারা, কে বা রাখে মায়া।

মুর্শিদ, মম মুর্শিদ, তুমি যে আলোর পথের দিশারি
তোমার দোয়ায় মেটে মন-মাঝারে অসীম আঁধার-ভারি,
মুর্শিদ, তুমি যে হকের পথে আলো
তব স্মরনে দুনিয়া মুছে যায়, থাকেন শুধু পরম দয়াল।

তব দরশনে রওশন হয় রূহের পর্দা
তুমি যে পথের বাতি, আঁধারে জ্বালিয়ে দাও,
তুমি না হলে কে দেখায় হক্কের দিশা
তুমি যে রাহবার, রহমতের ভাষা।

তব খেয়ালে-স্মরনে বাজে অন্তরে সুর
তুমি যে প্রেমের ঝরনা, হক্কের নূর,
তব সোহবতে ভাঙে অহংকার-শৃঙ্খল
তুমি যে দিলের খোরাক, রহমতের ফল।

ইলমে শরীয়তের আলোয় জ্বলে হৃদয়-মশাল,
তোমার দীক্ষায় মেলে হক্কের সত্যের কণাল।
নামাজ-রোজা-সদকা-সেবায় তুমি দাও দিশা,
তুমি যে শরীয়তের রূপ, নবীর পথের নিশা।

ইলমে তরিকতের পথে খোলে রহস্য দরওয়াজা,
তুমি শেখাও প্রেমের মর্ম, ভক্তির সাজা।
মুর্শিদ, তব ধ্যানে মুছে যায় জাহেরের ঘোর,
বাতেনের আলোয় জ্বলে তাজাল্লির নূর।

ইলমে হাকীকতের কূলে পাই অন্তরের দ্রষ্ঠা
তুমি শেখাও -'নিজেকে চিনলেই চেনা যায় স্রষ্ঠা।'
তব নির্দেশে মেলে রূহের নিগূঢ় রহস্য,
তুমি যে হকের আয়না, প্রেমের মহাব্যাখ্যা।

ইলমে মারেফতের পথে লীন হয় আত্মা,
তুমি দাও তাওহিদের স্বাদ - রবের একতা।
তব সোহবতে তাসাউফের ফুল ফোটে প্রাণে,
মুর্শিদ, তুমিই দয়াল হকের দরবেশী তানে।

মুর্শিদ, তব প্রেমে জ্বলে মোর অন্তর-বাতি,
তুমি যে পথের দিশারী, নূরের সাথি।
তব স্মরণে পাই হকের সাক্ষাৎ-দর্পণ,
তুমি যে প্রেমের সাগর, নূরের সন্ধান।

অবচেতন

চলার পথে হ'ল দেখা মম প্রিয়া সনে,
ভুল বললাম! প্রিয়া নহে প্রথম দেখা অনামিকা।

নাম জানিনা, ঘর চিনিনা- প্রথম দেখা, প্রথম কথা,
মনের মিতা, অন্তর সখী।
মনের মাঝে মনের মিতা, মনে হল অনেক চেনা।

বড় রাস্তার মোড়ে ভিড়ে ঠাসা পথে-
হঠাৎ করে চেয়ে থাকে দূর হতে অনিমেষে
মম পানে সতেজ চন্দ্রমল্লিকা নিয়ে হাতে।

ফুল ! আমাকে কেন ? মনে হল ভুল-
হয়ত অন্য কোন রসায়ন, হয়ত বা শুভ সন্ধিক্ষণ,
অগত্যা নিলেম করে শুভ্রমুকুল- হৃদয়ে জাগিল অমৃত অনুনাদ।

স্মৃতিসেরা সোনালী ঐ ক্ষণটি, কুয়াশায় ঢাকা বসার ঐ লনটি,
বর্ষামুখর ঐসব দিনগুলো,
এক ছাতার নীচে হাঁঠা ঐ মধুর সময়গুলো।

যখন মনে পড়ে—
সুখ হয়, ভাবলে বাঁচতে মনে হয় হয়;
সুখের সেই সব দিনগুলি, হাতে গোনা মনে থাকা স্মৃতিগুলি।

অবচেতনে ভেসে উঠে মনের দর্পনে,
ভাবি সে সব মধুরক্ষণ শয়নে স্বপনে।
মনের আয়নায় ভেসে ওঠে সেইরূপ,
স্বপ্নের মতো জাগে আনন্দস্রোত।

তবু আজও মনে প্রশ্ন ওঠে নিঃশব্দে-
যদি আবার দেখা হয় অনন্ত প্রহরে,
চন্দ্রমল্লিকার সেই শুভ্র কুসুম হাতে,
চেনা দৃষ্টিতে ডাকে কি সে স্মৃতির অনিলে ?

হয়ত সে রূপ আজ মুছে গেছে সময়ের আঁধারে,
তবু অবচেতনে বাঁচে—স্মৃতির আলো হয়ে অন্তরে।
স্বপ্ন ভাঙে, দিন ফুরায়, জীবন চলে অনন্ত পথে,
কিন্তু, হৃদয় রাখে আগলে সেই প্রথম দেখার প্রভাতে।

উজানডিহির রাজবংশীয় জমিদার

উজানডিহির উর্বর ভূমিতে এখনো বাজে সেই সুর,
প্রাচীন জনপদের নির্মল অনিল রাখে স্বাক্ষ্য।
দরবার ঘরে থাকা শান শওকত বলে যায়-
"শোনিত নয়, ন্যায়ের আলোয় আঁকা- ছিল এই রাজপথ ।"

খিলানের নিচে ভেসে ওঠে প্রার্থনার ধ্বনি,
মাটির বুক চেনে পূর্বপুরুষের কণ্ঠস্বর।
তাঁরা এসেছিলেন ইতিহাসের রূপালী নদী বেয়ে,
মেসোপটেমিয়ার সোনালী সূর্যরশ্মি সাথে নিয়ে।

তাঁদের নাম আজও ভেসে আসে জনস্রোতে
তাঁদের করুণা বয়ে চলে জনপদের শিরায় শিরায়।
খাঁন বাহাদুর, দেওয়ান, চৌধুরী শুধু পদবি নয়-
একটি খানদানের মর্যাদা, এক অমর ঐতিহ্যের প্রতীক।

উজানডিহির জমিদার মানে এক আলোকিত অতীত,
যেখানে দান মানে ধর্ম, সেবা মানে সমাজনীতি।
তাঁদের উত্তরসূরিরা এখনও রাখে সেই শপথ-
"অহংকার নয়, মানবতার শিরোমণি আলোকিত পথ।"

আশ্চর্য নীরবতায় আর কালের বিবর্তনে সময় থমকে রয়,
জমিদারীর বিশালতার ইতিকথা সেকালের কথা কয়।
আভিজাত্যের ছাপ আখলাক আর পুরোনো দানে,
বিস্মৃতির অবচেতনের অতলে আজো খোঁজে প্রবীন।

কালের কোলাহলে মিশে যায় বিশালতা সব-
অস্তিত্বের শিকড় তবুও তো হারায় না রব।
তবুও বাতাসে ভাসে তাদেরই অবদান,
স্মৃতির স্মরনি বেয়ে ফিরে আসে সম্মান।

তাঁদের হাতেই গড়ে উঠেছিল শিক্ষা ও সংস্কৃতির প্রভাত,
মসজিদের মিনার ছুঁয়েছিল জ্ঞানের দীপ্ত আকাশ।
ইলম ও ন্যায়ের আলো ছড়িয়ে পড়েছিল গ্রামে গ্রামে,
মানুষ জেনেছিল দানেই আছে আত্মার পরম প্রকাশ।

আজও সেই ঐতিহ্য জাগে রক্তের উত্তরাধিকার বুকে,
মানবতার মশাল হাতে দাঁড়ায় নতুন প্রজন্ম।
তাঁদের নামই রয়েছে ইতিহাসের স্থায়ী স্বাক্ষর,
উজানডিহি- এক বংশ, এক চেতনা, এক অমর অনুবর্তন।

শত বছরের ইতিহাস আজও জীবন্ত-প্রাণবন্ত
দিল্লী-বাংলা-বিহার, উজানডিহি- সে কনকপথ অনন্ত।
নতুন প্রজন্ম হোক সেই ঐতিহ্যের ধারক ও বাহক,
বয়ে চলুক বংশের আলো, মহীয়ান চিরসগৌরব।

যেন না হারায় সেই খাঁন বাহাদুর, দেওয়ানদের নাম।
মানুষের তরে ছিল যাদের করুণা, সেবা, দান,
এ মাটি যেন না ভোলে তাঁদের প্রদীপ্ত শিখা
উজানডিহির জমিদার- এ এক অক্ষয় অমরকথা।

অপসংস্কৃতি

অপসংস্কৃতি, অরুচিকর রচনা
চটকদার, আজগুবি যতসব রটনা,
সলমন রুশদি অথবা তসলিমা
রদ্ধিরচনায় চতুষ্পদীর খানসামা।

অকৃষ্ট, অকথনীয় যত সব লিখা
ব্যভিচারী জীবনের ছবি তাতে আঁকা,
মুখরোচক আলোচনায় স্থান পায়,
বিকৃত মনমানসিকতায় মান পায়।

প্রচারের আলোয় আসতে চায়
রাতারাতি সওদা করে নিতে চায়,
সাময়িক কেলেঙ্কারি, মুদ্রার প্রলোভন
নষ্ট সংস্কৃতিকে দেয় বাড়ন্ত সংবরণ।

চকচকে চেহারা, শিরোনামের জাদু
সত্যকে লুকিয়ে ফেলে, মিথ্যে সাজে ভরা,
যেখানে ভাবনা বিকৃত, চেতনা দমন
সেখানে উঠে অপসংস্কৃতির পতন।

অজ্ঞতার ছায়া, অবজ্ঞার গান
প্রজ্ঞার আলো ঢাকে অন্ধকারের মান,
যখন সংস্কৃতি হারায় আসল পথ
তখন বিকৃতি ছড়ায়, বিস্তার করে সব দিগন্তে।

অসৎ প্রলোভনে মেলায় প্রকল্পের বাঁধন
নির্লজ্জ প্রচার আর নকল খ্যাতির আড়াল,
যেখানে মূল্যবোধ তুচ্ছ হয়
সেখানে কেলেংকারি বৃদ্ধি পায় সর্বত্র অহরহ।

সমাজের চোখে পড়ে এমন সব মায়া
যে মায়া আড়ালে রাখে সত্যের কায়া,
যুগের ধারায় বিপথে চলে যারা
তাদের ছায়ায় দমে সংস্কৃতির প্রহরা।

অশ্রুর ব্যাকুলতা

আমার মনের আশা অশ্রুতে রয়ে গেল,
আকুল হৃদয়ের ব্যাকুলতা অশ্রু হয়ে ঝরে পড়লো।
চৈত্রের ঝড়ে ঝরে পড়া শুকনো পাতা,
মম মরু হৃদয় আজ শূন্য খাতা।

শূন্য এ বুক ভরা শুধু ধূ ধূ বাতাস,
নাসারন্ধ্র আজ বড় ভারী নিশ্বাস-প্রশ্বাস।
যেমন যেমন করে চাই, তেমনি তো পাই,
তবে মিছে অভিমান বশে কেন রাই।

হে নীরব রজনী, কেন আড়াল রাখো ভোরের আলো,
আশার প্রদীপ তো জ্বলে ব্যথারই কালো।
ধ্বংসের মাঝেও একদিন অঙ্কুর ফোটে,
অশ্রুর স্রোতে ফুটে ওঠে নতুন প্রভাতে।

ছায়া যতই ঘিরুক, নীরবতা কাঁদুক,
ভালবাসার শিখা তো লুকানো থাকে ছাইয়ের ফাঁক।
দয়া যখন ডাকে বসন্তের কণ্ঠে,
অশ্রুর ফোঁটা হতে জন্ম নেয় জীবন নব সঙ্গতে।

হে প্রভু, আমার কাঁদার ঢেউয়েও দাও আশার দিশা,
অন্ধকারের মাঝেও ফুটুক জীবনের সঠিক দিশা।
প্রেমের আলোয় ভরে উঠুক এই মন-প্রাণ,
অশ্রুর পথচলায় জাগুক সুখের নতুন গান।

গহন বন

মনের দোয়ারে তোমার প্রবেশ
যেন গহন বনে হরিণের বাস,
শত ব্যথায় ব্যথিত এ মন
হরিণের আগমনে স্বপ্নে বিভোর।

মনের দোয়ারে তোমার প্রবেশ
যেন ধলেশ্বরী তীরে মরমীর বেশ,
অমন করে কেন এসেছ এ মনে
মরমীর বেশে মরণের তরে।

মনের দোয়ারে তোমার প্রবেশ
যেন মালিনী বিলে ধনেশের হাঁস,
বিলের অপরূপ শোভা সন্দর্শনে
ধনেশের ভেষজ গুণে সুখ আসে তনে।

মনের দোয়ারে তোমার প্রবেশ
যেন বিষন্ন মাঝে প্রসন্নের রেশ,
খুশীর হাওয়ায় দুলে এ মন
প্রসন্নতায় ভরে যায় অন্তর মম প্রাণ।

মনের দোয়ারে তোমার প্রবেশ
যেন অরণ্যের মধ্যে রোদ্দুরের আলো,
অস্ত-অচেতন সব নিঃশ্বাসে বাজে গান
হৃদয় পূর্ণ হয় অনন্ত আলো।

মনের দোয়ারে তোমার প্রবেশ
যেন সুধা বিন্দু ধারা নদীর তটে,
শোকের ঢেউ হ্রাস পায়, মন প্রফুল্ল,
প্রকৃতির কোমলতায় মিশে যায় অন্তর মম।

মনের দোয়ারে তোমার প্রবেশ
যেন প্রভাতের কুসুমে রঙিন বাতাস,
প্রেমের সুবাসে ভরে ওঠে মন,
অমলিন আনন্দে উদ্ভাসিত প্রাণ।

অনামিকা

ঝোল-বারান্দায় বসে আছো তুমি, অনামিকা,
তর কেশ-ঘ্রানে মম কণিকা।
জ্যৈষ্ঠ-ভাদ্রের মধুময় মাসে
আম-কাঁঠালের ঘ্রাণ ভেসে থাকে বাতাসে।

অতিথিশালার ঐ কৃষ্ণচূড়ার নীচে
কতদিন দেখিনি তোমাকে কাছে।
কতদিন পাইনিকো তব ভালবাসা,
আশা-প্রত্যাশায় ঘেরা জ্যোৎস্নাময় নিশা।

এখন নক্ষত্র বলে যায় আমাদের অনুচ্চারিত কথা,
নিস্তব্ধ গলিতে হাওয়ায় ভেসে আসে তোমারই ব্যথা।
প্রতিটি ছায়া চায় তোমার স্নিগ্ধ আলিঙ্গন,
আর আমার হৃদয় অপেক্ষায় থাকে-
অশেষ আকাঙ্ক্ষার সাঁঝবেলায় গোপন অনুরণন।

নিশ্ছিদ্র গগনে ভাসে চাঁদের আলো,
তোমার দৃষ্টিতে হারায় আমার স্বপ্নের খোঁজ।
পাখির কুজনে ভোরের সুর মিশে,
তোমার স্পর্শে ভরে ওঠে হৃদয়ের রোজ।

ঝোপের আড়ালে গোপন বাণী ফোটে,
প্রতিটি নিশ্বাসে শুধু তোমার নাম।
সময়ের ধারা ভাঙে না দূরত্বের বাধা,
আমাদের মিলনের নীরব আনন্দের শাম।

চাওয়া-আকাঙ্ক্ষার দোলা মিটে না এখনও,
তবু ঝোল-বারান্দায় তোমার ছায়া আছে পাশে।
প্রতিটি মুহূর্তে, প্রতিটি নিঃশ্বাসে,
আমার অনামিকা, তুমি—অমর চিরন্তন ভালোবাসা।

প্রতীক্ষা

দীর্ঘ বৃষ্টির পর এক ফালি সোনালী রোদ
আহা কী মিষ্ট দীর্ঘ প্রতীক্ষিত ক্ষণ,
পক্ষ মাঠ-প্রান্তর সিক্ত মৃত্তিকা
কলকল ধ্বনি টলটল নদী চলে আকাবাকা।

ভরা বাদলে দমবন্ধ সাতদিন,
জানালাখানি খোলা হয়নি অনেকদিন,
ভ্যাপসা গন্ধ মনমরা পরিবেশ—
সোনাঝরা রোদ পাল্টে দিল জড়তার আবেশ।

চঞ্চল বাতাসে উড়ে যায় কাশফুলের তুলো,
ঝলমলে আলোয় জেগে ওঠে গ্রামের ভুলো।
গোধূলি আকাশে রঙিন মেঘের খেলা,
মনে ভেসে ওঠে পুরোনো দিনের মেলা।

নবীন কুঁড়িতে জেগে ওঠে জীবনের গান,
ভেজা ঘাসে শিশির হয়ে ওঠে প্রাণবান।
প্রতীক্ষার শেষে এ রোদের ছোঁয়া—
অন্তরে জাগায় নতুন দিনের হাওয়া।

নিশ্ছিদ্র গগনে ভাসে চাঁদের আলো,
তোমার দৃষ্টিতে হারায় আমার স্বপ্নের খোঁজ।
পাখির কুজনে ভোরের সুর মিশে,
তোমার স্পর্শে ভরে ওঠে হৃদয়ের রোজ।

ঝোপের আড়ালে গোপন বাণী ফোটে,
প্রতিটি নিশ্বাসে শুধু তোমার নাম।
সময়ের ধারা ভাঙে না দূরত্বের বাধা,
আমাদের মিলনের নীরব আনন্দের শাম।

চাওয়া-আকাঙ্ক্ষার দোলা মিটে না এখনও,
তবু ঝোল-বারান্দায় তোমার ছায়া আছে পাশে।
প্রতিটি মুহূর্তে, প্রতিটি নিঃশ্বাসে,
আমার অনামিকা, তুমি—অমর চিরন্তন ভালোবাসা।

পাখির কূজনে ভোরের সুর ভেসে আসে,
মনে পড়ে অজানা পথের গল্পেরা।
ঝোপের আড়ালে লুকোনো ফুল ফোটে,
স্নিগ্ধ শীতল হাওয়ায় মনে হয় সব কিছু বেঁচে ওঠে।

নদীর তীরে জলরাশি খেলে রোদে,
আকাশের নীলিমায় প্রতিফলন বাঁধে।
চুপচাপ বাতাসে বাজে জীবনের সুর,
মনে হয়, প্রতীক্ষা আজ পূর্ণ হলো সত্যির স্পর্শে।

গোধূলির ছায়া মাটির কোলে লেগে থাকে,
সোনালী আলো ছোঁয়ায় মিশে যায় দুঃখ-কষ্ট।
প্রতিটি মুহূর্তে ভেসে আসে নতুন আশা,
ভেজা পৃথিবী শোনায় অন্তরের গোপন ব্যথা।

রাত্রির আগমনে চাঁদ উঠে কোমল আলোয়,
তরঙ্গিত মাঠে জাগে স্বপ্নের পাল।
প্রতীক্ষার এই ক্ষণ হয়ে ওঠে স্মৃতির ধারা,
হৃদয়ে জাগে শান্তি, নতুন দিনের প্রভা।

ভোরের কিশোরী রোদ খোঁজে মাঠ-ঘাটে,
প্রতিটি পাতায় লুকোনো শিশিরের চুম্বন।
ফুলের ঝরে ওঠা সুবাসে ঘুম ভেঙে যায়,
প্রতীক্ষার শেষে জীবন খুঁজে পায় নতুন সংযম।

পুকুরের নীরব জলে প্রতিফলিত আকাশ,
মনের ভিতর খুঁজে নেয় হারানো আশা।
প্রতিটি ঢেউ বলে—ধৈর্যের মাঝে লুকোনো সোনালী দিন,
ভেজা ঘাসে ভাসে অজানা প্রেরণার গান।

বাতাসে গন্ধ ভেসে আসে দূর অতীত থেকে,
শিশির-তরঙ্গে জাগে মনে বহু স্বপ্ন।
প্রতীক্ষার এই ক্ষণ, রোদে ভেজা জীবন,
হৃদয়ে দুলে ওঠে শান্তি, সুখের নীরব অনুরণন।

চলো, আমরা এগিয়ে যাই এই নতুন দিনের পথে,
প্রতীক্ষার শেষে সূর্যের আলোয় মিলিয়ে যাই সব ব্যথা।
মাটির কোলে, বৃষ্টির সুরে,
জীবন খুঁজে পায় নতুন গান, নতুন প্রভা।

রোদ-ছোঁয়া মাটিতে, শিশির-স্নাত ঘাসে,
প্রতীক্ষার সব ব্যথা ধুয়ে যায় হাসে।
নবীন দিনের হাওয়ায় মন যেন উড়ে যায়,
প্রতিটি মুহূর্তে জীবন নতুন গান গায়।

ক্ষণিক সুখ

বাসরকাল ফুলশয্যার রাত!
মধুরালাপে রাত পেরিয়ে যায়,
ভোরের আলো জানালায় উঁকি দেয়
সুখের সময় এভাবেই চলে যায়।

দুখের সময় যেতে নাহি চায়
আকাশ পথের কয়েক মিনিট,
স্থলপথের অনেক ঘন্টা
সুখের যাত্রা মসৃনতর হয়।

চড়াই-উতরাই-এ হুমড়ি খেতে হয়
দুখের সময় নিরন্তর যেতে নাহি চায়,
বিশ্বসংসংসারে নীল-আমস্ট্রং সবাকার
দাম্পত্য সংসারে কেহ নাহি তার।

খ্যাতির বিড়ম্বনা মানুষকে কাঁদায়
সোনালী সময়ও ইন্দ্রপতন মনে হয়,
সোনালী ক্ষণ হয় অবসান
দুখের সময় যেতে নাহি চায়।

সুখের খোঁজে মানুষ ছুটে বেড়ায়,
দূর আকাশ, অচেনা শহর, নীরব রাত-
ক্ষণিক হাসি হৃদয়ে দাগ রেখে যায়,
যা ফিরে আসে শুধু স্বপ্নের পাতায়।

দুঃখ আসে ধীরে, নিভৃতে-নিঃশব্দে
প্রতিটি পদক্ষেপে ছায়ার মতো লেগে থাকে,
অন্ধকারের মাঝে চোখ খুঁজে নেয় আলো
মাঝে মাঝে সে আলোই হয় আমাদের আশ্রয়।

ক্ষণিক সুখের মাধুর্য মনে হয় চিরন্তন
দুঃখের ভারে শেখায় ধৈর্যের গান,
জীবনের এই দুই প্রান্তে ভাসে আমরা
একটি হাসি, একটি অশ্রু—সঙ্গী চিরকালীন।

অনুপস্থিতির বেদনা

তব বিরহ আমি 'সহিতে পারিনা
তব অনুপস্থিতি আমি মেনে নিতে পারিনা।
সবসময় তব সান্নিধ্য সম্ভব হয়না
সবসময় তব সাক্ষাতে থাকা জানি হবেনা।

জানি তুমি কেমন করে রবে মম সাথে
জানি তুমি কেমনে থাকবে সদা সম্মুখেতে।
তবু মন চায় তুমি কাছে থাকো
তবু মন চায় তুমি পাশে বসো।

কেন যে সহিতে পারিনা
সে তো বুঝিনা কেন যে মন মানেনা সে তো জানিনা।
কেন এমন হয় তুমি কি বলতে পারো,
কেন এত চায় মন তুমি কি বলে দিতে পারো ?

আমার তো সব আছে
সে তো আমি জানি আমার তো তুমিও আছো সে তো আমি জানি।
এ মন কেন জানি বারবার আমাকে ভাবায়
এ মন কেন জানি বারবার আমাকে কাঁদায়।

তুমি কি আমাকে কাঁদাতে চাও
তুমি কি আমাকে জ্বালাতে চাও।
একটু দুরত্ব সৃষ্টি করেছিলো নিয়তি
একটু ব্যবধান তৈরী করেছিলেম আমি।

সে তো তুমি দিলেনা সরে যেতে দূরে
সে তো তুমি দিলে না মরে যেতে বেঁচে।
তুমি কি বুঝো না আমার এ ব্যথা
তুমি কি শুনবে না আমার কোন কথা।

তুমি তো সব বুঝো তুমি পরিণীতা
তুমি তো সব জানো মম-মন-কথা।

দূর সীমানায়

দূর সীমানায় থাকো তুমি
আমার পানে চেয়ে
কৃষ্ণচূড়ার ঐ গাছের ধারে
তোমার গেহ রচে।

পরান আমার যায় উড়ে যায়
সুখের স্মৃতি নিয়ে
উজাড় করে দিলাম আমি
ভালবাসা প্রাণ ভরে।

তোমার চাহনি সাগর জোয়ার
আমায় ভাসায় বারে বার,
তুমি না এলে শূন্য লাগে
মম হৃদয় দ্বারে।

তারার আলোয় লিখি তোমায়
নিশীথ রাতের গানে,
চাঁদের কণা জড়িয়ে রাখে
অপরূপ সেই টানে।

ভোরের হাওয়ায় ভেসে আসে
তোমার নামের ধ্বনি,
জীবন আমার পূর্ণ হয় গো
তোমার স্নেহ গুণে ধনি।

তৃষ্ণার্ত চাতক

তোমার আঁখি বলছে তুমি ভালবাসো আমায়
তৃষ্ণার্ত চাতক বৃষ্টি পানে চাহে, মেঘ প্রবাহ অন্যদিকে বহে
এ মন পাগল হয়ে যায়, যেতে চায় তব ঠিকানায়।

ভালবেসে কাছে টেনেছো, কাছে টেনে পাগল করেছো
এ চাহনি, এ হাতছানি কেমনে ভুলি, ভূলতে পারিনি
তব মন আমাকে চায়, তাই তোমার কথা আমাকে ভাবায়।

না-ই বা গেলাম তোমার আবাসে
না-ই বা বসলাম তোমার পাশে,
মম মনে তোমার বাস, বৈশাখ-চৈত্র বার মাস।

সরোবর শতদল মাঝে তোমায় দেখি নবসাজে
তাতেই আমার মন ভরে যায় শীত-বসন্ত ঋতু কেটে যায়।
প্রভাত আলো জেগে ওঠে,তোমার মুখের হাসিতে,
অস্ত সূর্য রাঙায় আকাশ, তোমার আঁচল ভাসিতে।

রাতের তারা, চাঁদের কিরণ তোমার নামই বলে,
স্বপ্ন-ভুবন সাজে শুধু তোমায় ঘিরে চলে।
দূর সীমানায় থাকো তুমি আমার পানে চেয়ে
কৃষ্ণচূড়ার ঐ গাছের ধারে তোমার গেহ রচে।

নীল সীমানায় চুমছে আকাশ রাঙা তব অধরখানি
রঙধনুর ঐ রাঙা ভাঁজে তোমার ঐ পদধ্বনি।
পরান আমার যায় উড়ে যায় সুখের স্মৃতি নিয়ে
উজাড় করে দিলাম আমি ভালবাসা প্রাণ ভরে।

পথের ধুলো ফুল হয়ে যায় যেদিকে রাখো পা,
তোমার ছোঁয়ায় অশ্রু ক্ষতে ফোটে সুখের কাব্য।
তোমার চাহনি সাগর জোয়ার আমায় ভাসায় বারে বারে,
তুমি না এলে শূন্য লাগে মম হৃদয় দ্বারে।

তারার আলোয় লিখি তোমায় নিশীথ রাতের গানে,
চাঁদের কণা জড়িয়ে রাখে অপরূপ সেই টানে।
ভোরের হাওয়ায় ভেসে আসে তোমার নামের ধ্বনি,
মধুর স্বপ্নে লুকিয়ে যায় হৃদয়ের অনন্ত খনি।

স্বদেশ : দেশাত্মবোধক কবিতা

ভারতবর্ষ—আমার গৌরব, আমার আশা,
তোমার মাটিতে লুকিয়ে আছে ইতিহাসের ভাষা।
হিমালয়ের চূড়া হতে সাগরের তীর,
তুমি চিরন্তন সভ্যতার সমাহার নিরন্তর।

তোমার নদী, তোমার বন, তোমার আকাশ,
প্রাণে জাগায় প্রেম, শক্তি আর উচ্ছ্বাস।
ত্যাগের অগ্নি, সংগ্রামের ধ্বনি,
তুমি শিখিয়েছ জাতিকে অদম্যগুণী।

শহীদদের রক্তে লেখা স্বাধীনতার গান,
তোমার পতাকায় দীপ্যমান আত্মপরিচয় মহান।
তুমি কেবল ভূখণ্ড নও—
তুমি আমাদের আত্মা, চিরন্তন আলো।

তোমার কণ্ঠে ধ্বনিত হয় ঐক্যের ডাক,
ধর্ম-বর্ণ ভেদে তুমি এক আলোক-শাখ।
বৈচিত্র্যের মাঝে একতার মহিমা,
ভারতবর্ষ তুমি শান্তি-মানবতার সীমা।

তোমার কণ্ঠে ধ্বনিত হয় ঐক্যের ডাক,
ধর্ম-বর্ণ ভেদে তুমি এক আলোক-শাখ।
বৈচিত্র্যের মাঝে একতার মহিমা,
ভারতবর্ষ তুমি শান্তি-মানবতার সীমা।

প্রকৃতির কোলে লালিমায় ভরা তোমার সকালে,
কৃষকের কর্ষণ, শহরের আলো, মিলেমিশে গড়ে।
সোনার ধানের মাঠে বাজে হারমোনিয়ার সুর,
তোমার মাটিতে লুকানো প্রতিটি ধ্বনি, প্রতিটি দূর।

তোমার ইতিহাস কণ্ঠে গেয়ে যায় সাহসের গান,
শিখিয়েছ ধৈর্য, মানবতা, অটল প্রাণের মান।
যুদ্ধ-শান্তি, জ্ঞান-সংগ্রাম—সবই তোমারই ছোঁয়া,
ভারতবর্ষ তুমি চিরন্তন, অমলিন, অমোঘ প্রভা।

করুণার আদালত

জীবনের গ্রন্থ দাগে দাগী পাপের ছাপ,
পাপকে জীবনের খাতায় রাখতেই—
আমি স্রষ্টার আদালতে আসামী হয়ে গেলাম।

কীভাবে মুক্তি পাব জানি না,
বিশ্বাস করি আমার নবী (সাঃ) আমায় রক্ষা করবেন।
আখেরাতের ভয়াবহ দিনে—
তিনিই ভরসা,
তিনিই ভরসার স্তম্ভ বিচার দিনের প্রলয়ে।

তবুও কর্মের ভারের নিচে,
আমি খুঁজি করুণার দ্বার।
অনুশোচনার কালিঘন প্রতিটি পাতায় গড়ায়,
কিন্তু আশার ফিসফিসানি বাজে প্রাণে:
করুণার প্রভু কাউকে ত্যাগ করেন না,
আলোর প্রভু কাউকে ফিরিয়ে দেন না।

সেদিন, যখন প্রত্যেক গোপন কথা প্রকাশিত হবে,
এবং প্রতিটি হৃদয় নিঃশব্দে কেঁপে উঠবে,
আমি প্রার্থনা করি আমার খাতা ক্ষমায় হালকা হোক,
আমার পাপ ঢেকে যাক তাঁর দয়ায়।
কারণ তাঁর করুণাতেই একমাত্র আশ্রয়,
এবং তাঁর প্রেমেই—চিরশান্তি।

যখন আমার চোখের সামনে দাঁড়াবে তুলাদণ্ড,
এবং ফেরেশতারা সত্যের সাক্ষী হবে,
আমি আকুল হবো তাঁর অনুগ্রহের সাগর থেকে এক ফোঁটার জন্য,
যাতে মুছে যায় অগণিত দোষের ধূলি।

প্রিয়তমের (সাঃ) সুপারিশের মাধ্যমে,
আমি চাই সহজেই পার হতে সেতুটি—
কারণ কোনো প্রাণ কর্মে টিকে না,
শুধু আর রহমানের রহমতেই মুক্তি মেলে।

নাগকেশর

বাড়ির সামনের সরু পথের ধারে
তুমি দাঁড়িয়ে আছ যুগের পর যুগ,
রোদ-ঝড়-বৃষ্টি পেরিয়ে নীরব প্রহরী,
তোমার ছায়ায় কতবার আশ্রয় নিয়েছি আমরা।

শিশির ভেজা ভোরে তোমার সুবাস
শ্বাসে মিশে স্বপ্নকে করেছে নির্মল,
গ্রীষ্মের উত্তাপে তোমার শীতল ছায়া
ছিল আমাদের দিনের অবলম্বন।

পাতার ফাঁক দিয়ে ঝরে পড়া আলো
শৈশবের স্মৃতিকে এঁকেছে রঙিন,
তোমার ডালে পাখিরা গেয়েছে গান,
আমাদের যাত্রাপথকে করেছে পবিত্র।

হে নাগকেশর, তোমার শিকড়ে লুকিয়ে আছে
আমাদের পূর্বপুরুষের নীরব প্রার্থনা,
তোমার ডালপালা ছুঁয়ে গেছে আকাশ
যেন আশীর্বাদের হাত রাখে পৃথিবীর বুকে।

হে নাগকেশর, তুমি শুধু একটি বৃক্ষ নহ,
তুমি আমাদের জীবনের নিঃশব্দ ইতিহাস।
হে নাগকেশর, তুমি শুধু একটি বৃক্ষ নও,
তুমি আমাদের জীবনের নিঃশব্দ ইতিহাস।

জ্ঞানালয়

জ্ঞানালয়ের সুউচ্চ মিনার সমান,
প্রতিষ্ঠান দাঁড়ায় দৃঢ়, সুমহান।
তরুণ হৃদয়ে দেয় যে ডানা,
আশার আলোয় ভরে ঠিকানা।

ক্লাসরুম ভরা পাঠের আলো,
শিক্ষকের বাণী স্বপ্নের চালো।
বইয়ের পাতায় জ্ঞানের ধ্বনি,
আগামীর পথে খুলে দেয় দ্বারখানি।

মন গড়ে তোলে, শাণিত করে,
মানবতার পাঠ হৃদয়ে ভরে।
শুধু পাঠ নয়- শেখায় ভালোবাসা,
মানবতার মূল্যে গড়ে জীবন-ভাসা।

আলোর মশাল, আঁধার বিদূর,
শিক্ষার ঘরেই খুলে ভবিষ্যতের সুর।
চির-তরুণ, চির-আশাবাদী প্রাণ,
শ্রদ্ধার আসন- শিক্ষা-প্রতিষ্ঠান।

জ্ঞানালয়ের ছায়ায় স্বপ্ন বাঁধে,
প্রতিভার নূতন জোড়া খুঁজে পায় হাতে।
উদ্যমের স্রোতে তরুণেরা ভেসে চলে,
জীবনের মঞ্চে জ্ঞানকে ধ্বনি করে বলে।

প্রতিদিন শিখায় নতুন পথের আলো,
ভবিষ্যতের ডানায় ভরায় উজ্জ্বল ভালো।
শিক্ষার মেলায় খুঁজে পায় চিরতরে দিশা,
জ্ঞানালয়েই গড়ে ওঠে মানুষের আশা।

পথিকৃত

শিক্ষক হলেন প্রজ্ঞার দীপশিখা,
মানবতার পথে আলোক-প্রদীপ।
তাঁর স্নেহময় দৃষ্টিতে, দৃঢ় নির্দেশে,
অন্ধকার ভেদ করে জাগে জ্ঞানের রূপ।

তিনি কেবল পাঠের দিশারী নন,
তিনি চরিত্রের ভাস্কর, নৈতিকতার স্থপতি।
শিক্ষার্থীর হৃদয়ে তিনি বপন করেন,
সত্য, ন্যায়, সাহস আর মানবতার বীজ।

কোনো মুকুট তাঁর শোভা বাড়ায় না,
কোনো সিংহাসন তাঁর মর্যাদা দেয় না।
তবুও তাঁরই হাতে জাতির ভবিষ্যৎ,
তাঁরই পদচিহ্নে সভ্যতার অগ্রযাত্রা।

শিক্ষক হলেন ভোরের প্রথম তারা,
যিনি দিশা দেখান অজানার পথে।
তাঁর নীরব ত্যাগ, মহৎ কর্মে,
প্রজন্ম থেকে প্রজন্ম পায় আলোর দীক্ষা।

শিক্ষক হলেন দিশারী, জীবন-সাগরে নৌকা,
যিনি ভেঙে দেন অজ্ঞতার কুয়াশা।
তাঁর শব্দে জাগে আশা, তাঁর ছোঁয়ায় জন্মে প্রেরণা,
প্রতিটি হৃদয় গড়ে উঠে, নতুন স্বপ্নের মেলায়।

তাঁর শিক্ষায় জ্বলে অটল দীপ, আঁধারের মাঝে পথ দেখায়,
জ্ঞানরাশির জোয়ার ভাসিয়ে জীবনের সব দ্বন্দ্ব মুছে যায়।
শিক্ষক নয় শুধু পাণ্ডিত্যবান মানুষ, তিনি বিশ্বাসের বাতিঘর,
যেখান থেকে জাতি পায় শক্তি, চরিত্র, আর অম্লান নক্ষত্র।

ছায়াতরু

পিতা-- হলেন এক দৃঢ় বৃক্ষ,
শিকড়ে বাঁধা স্থিরতার দীক্ষ।
ঝড়-বাদলে, রোদে কিংবা বৃষ্টিতে,
তিনি সহেন সব বোঝা নিঃশব্দ প্রীতিতে।

পিতৃ- অদৃশ্য স্বপ্নের নির্মাতা তিনি,
ধৈর্য-ইট বেয়ে গড়েন জীবনী।
বাক্যের চেয়ে কর্মে জানান,
ভালোবাসা কীভাবে বুনে প্রাণ।

ক্লান্ত হাতেও তিনি আকাশ ধরেন,
আশার আলোয় মনকে ভরেন।
না মুকুট, না সিংহাসনের টান,
তাঁর শক্তিতেই গড়ে আমাদের প্রাণ।

জনক- হলেন নীরব শিখা,
অলিখিত কাব্য, মহৎ দীক্ষা।
তাঁর স্নেহে ভবিষ্যৎ ফোটে,
চিরন্তন বন্ধন আলোয় রথে।

তাঁর চোখে ঝলকায় সাহসের দীপ,
প্রতিটি পদক্ষেপে লুকানো থাকে প্রেরণার স্রোত।
জীবনের কঠিন পথে তিনি ধীরতার মন্ত্র বপন করেন,
শিখিয়ে দেন কীভাবে ভেঙে না পড়ে দাঁড়াতে হয় অটল ভীষণ।

পিতা- হলেন ছায়াতরু, ছায়া দিয়ে ঢেকে রাখেন মন,
প্রতিটি ঝাপটে, প্রতিটি বাতাসে থাকে তাঁর অনন্ত সংরক্ষণ।
তাঁর আদর্শে গড়ে ওঠে চরিত্রের অমোঘ প্রভা,
জীবনের পথে এগোতে শেখায়, শান্তির সাথে সাহসের সঙ্গী হয়ে।

চিরন্তন মমতার আলো

জননী- চিরন্তন অমৃতধারা,
জীবনের প্রথম স্পর্শের সারা।
তাঁর কণ্ঠে লালন, তাঁর বুকে ঘুম,
তাঁর আঁচলে লুকায় দুঃখের ঝুম।

তিনি আকাশ, বিস্তৃত সীমাহীন,
তিনি সূর্য, দেন আলো বিলীন।
তাঁর নীরব ত্যাগে ফুটে ভবিষ্যৎ,
তাঁর স্নেহে রচিত মানবের সত্ত্ব।

না রাজসিংহাসন, না কোনো ধন,
তাঁর মমতাই সর্বোচ্চ সম্পদন।
তাঁর ক্লান্ত হাতে আশীর্বাদ লুকায়,
তাঁর প্রার্থনায় পৃথিবী জেগে যায়।

জননী- এক সমুদ্র অফুরন্ত প্রেম,
যেখানে লুকায় অজস্র মধুর হেম।
তাঁর নয়নে নক্ষত্র দীপ্তিময়,
চিরন্তন, চিরপবিত্র, স্নেহময়।

তাঁর দৃষ্টিতে ফুটে অমোঘ করুণার দীপ,
যে দীপে জ্বলে সব ক্ষণিকের অন্ধকার স্লিপ।
জননী—এক অনুভবের অতল সাগর, অশেষ প্রেরণার ভরা,
যেখানে হারিয়ে যায় জীবন, জন্মায় চিরন্তন আশা-বরা।

তাঁর কোলে মিলায় শান্তি, হৃদয় পায় অবগাহন,
প্রতিটি নিশ্বাসে জাগে ভালবাসার অনন্ত গান।
জননী- চিরন্তন আলো, অমলিন প্রেমের ধারা,
যার ছোঁয়ায় জীবন হয়ে যায় সোনার ছায়াপথসারা।

ঈর্ষা

ঈর্ষা এক অদৃশ্য আগুন,
হৃদয়ে জ্বলে, করে মন রুণঝুণ।
অন্যের সাফল্য চোখে কাঁটা হয়ে,
নিজেকে ডুবায় অন্ধকার স্রোতে।

সে হাসি দেখে কানে বাজে ব্যথা,
সে সুখ দেখে মনে জাগে ব্যথা।
ঈর্ষা হলো বিষাক্ত ছায়া,
ভালোবাসার সব রঙ করে ম্লান।

কিন্তু ঈর্ষা যদি রূপ নেয় সাধে,
তবে তা পারে মানুষ গড়তে স্বপ্নে।
অন্যের দীপ্তি যদি দেয় অনুপ্রেরণা,
তাহলেই জ্বলে উঠে জীবনের বেদনা।

ঈর্ষা তাই দ্বিমুখী ছুরি,
একদিকে আঁধার, একদিকে ভোরের সুরী।
যে শিখল ভালোবাসায় তা রূপান্তর,
সে-ই জয় করে হৃদয়ের অন্তর।

ঈর্ষা হলো ছায়ার আগুন,
অন্যের আলোয় জ্বলে তার ধ্বংস।
যে ঈর্ষাকে করে সাধনার রূপ,
সে-ই পায় জীবনের সত্য সুখ।

ঈর্ষার আগুন যদি শিখায় ধৈর্য আর পরিশ্রম,
তাহলে অন্ধকারও হয়ে ওঠে আলোর প্রদর্শন।
মনের গভীরে জাগে সৎ প্রেরণা,
জ্বলে স্বপ্নের বাতি, ভাসে জীবনের গোধূলি ধ্বনি।

তারুণ্য

তারুণ্য হলো ভোরের আলো,
অসীম আকাশে স্বপ্নের পাল।
ঝড়ের বুকে গর্জে ওঠা গান,
অদম্য প্রাণের অগ্নিঘোষণ।

তারুণ্য মানে প্রশ্নের ঝড়,
অজানার পথে সাহসী ভর।
অন্যায়-অন্ধকার ভেঙে করে ধ্বংস,
সত্যের খোঁজে জাগায় বিশ্বাস।

তারুণ্য ভোরের আলো, দীপ্তিময় শিখা,
স্বপ্নের আকাশে বাজে আশার প্রভা।
আজকের তরুণ আগামী দিনের দিশা,
তাদের হাতে ভবিষ্যতের দীক্ষা।

তারুণ্য মানে দীপ্ত আশা,
স্বপ্ন গড়ার পবিত্র ভাষা।
তারুণ্য মানে দিগন্ত খোঁজা,
অপরাজেয় প্রাণে নতুন বিশ্ব রচনা।

তারুণ্য হলো বজ্রের ঝংকার,
অসীম আগুনে জ্বলে অবার।
অভিযানের সুরে ওঠে জেগে,
অদম্য উদ্যম সাহস বুকে।

তারুণ্য মানে উদ্ভাবনের শক্তি,
অসত্য ভেঙে দেয় ন্যায়ের মুক্তি।
সেই পথে আলো জ্বালে অনন্ত,
যেখানে সত্যই থাকে প্রতিষ্ঠিত।

তারুণ্য হলো সাহসী প্রশ্নের ঝড়,
অন্বেষণের সাহস, উদ্ভাবনের শক্তি।
মিথ্যা ও অন্যায়ের শৃঙ্খল ভেঙে চুরমার,
আলো জ্বালায় যেখানে সত্য বিরাজমান।

তারুণ্য হলো ক্ষমতা, না ক্ষণস্থায়ী আগুন,
বরং জাতির নক্ষত্রগঠন, উচ্চতায় আরোহণ।
আজকের যুবক, আগামীর পথপ্রদর্শক,
ব্যথা ও দুঃখ থেকে আশা উদ্ভাবক।

তারুণ্য ভয়হীন আদর্শের গান,
দূরদর্শিতার ভাষা, নেতৃত্বের প্রাণ।
অজানার দিগন্ত খোঁজে নিরন্তর,
গড়ে তোলে নূতন বিশ্ব- যা তারই অন্তর।

প্রবীণ

প্রবীণ মানে অভিজ্ঞতার দীপ,
অতীতের আলো, ভবিষ্যতের সীপ।
তাঁদের চোখে লুকিয়ে থাকে ইতিহাসের ধারা,
তাঁদের কথায় জেগে ওঠে জীবনের সারা।

ঝড়-ঝাপটা পেরিয়ে গড়া যে প্রাণ,
তাঁদের ত্যাগেই দাঁড়ায় আজকের সমাজ-জ্ঞান।
তাঁদের ক্লান্ত হাত, আশীর্বাদের ছোঁয়া,
আজও বয়ে আনে শান্তির হাওয়া।

প্রবীণ মানে শুধু বয়সের যোগ নয়,
তাঁরা জাতির ভাণ্ডার, মূল্যবান ধনসঞ্চয়।
তাঁদের শ্রদ্ধা, তাঁদের সম্মান,
আমাদের সভ্যতার চিরন্তন দান।

তাঁরা শিখিয়েছেন ধৈর্য, শিখিয়েছেন পথ,
তাঁদের আশীর্বাদেই স্বপ্নের রথ।
প্রবীণ মানে আলো, প্রবীণ মানে গান,
তাঁদের স্নেহেই গড়ে মানবতার প্রাণ।

তাঁদের স্মৃতিতে ভরা আছে জীবনযুদ্ধের গল্প,
প্রতিটি অভিজ্ঞতা শেখায় নতুন পথে চলার স্বপ্নপথ।
প্রবীণরা নীরব হলেও তাদের কণ্ঠে থাকে প্রেরণার সুর,
যেখানে হৃদয় পায় শিথিলতা, মন পায় বিশ্রামের ঘুর।

তাঁরা হাত ধরে দিয়ে যান আদর্শের আলো,
প্রতিটি পদক্ষেপে শিক্ষায় ভরে সমৃদ্ধি ও ভালো।
প্রবীণ মানে জীবনধারার স্থির নৌকা,
যাদের কাছে সমাপ্তি নয়, শুধুই নতুন সূচনা।

অশীতিপর বৃদ্ধ

অশীতিপর বৃদ্ধ, সময়ের সাথী,
ম্লান নয়, জ্বলছে আলো অনাথী।
অশ্রু-হাসির পথে গড়া তাঁর দিন,
অভিজ্ঞতার সাগর, ইতিহাসের বিন।

চোখের কোণে ভাঁজ, তবু দৃষ্টি দীপ্ত,
বুকের ভেতর জমে আছে জীবনের শিপ্ত।
ঝড়-ঝঞ্ঝা পেরিয়ে দাঁড়ানো সেই প্রাণ,
অশীতিপর বৃদ্ধ জাতির গৌরবগান।

তাঁর পদক্ষেপ ধীর, তবু মজবুত,
তাঁর আশীর্বাদে জাগে প্রাণে শুভসূত।
তাঁর কণ্ঠে আছে মমতার সুর,
তাঁর নীরবতা যেন উপদেশ ভরপুর।

অশীতিপর বৃদ্ধ মানে জীবনের জয়,
তাঁরা আমাদের ছায়া, আমাদের আশ্রয়।
তাঁদের সম্মানেই সভ্যতার শপথ,
তাঁরা আমাদের বটবৃক্ষ, চিরন্তন রথ।

তাঁদের মুখে হাসি, চোখে দীপ্তি জ্বলে,
প্রতিটি স্মৃতিতে জন্মে নতুন প্রেরণার ঢলে।
অশীতিপর বৃদ্ধ—নীরব শিক্ষক, অমোঘ দিশারী,
যাদের স্নেহময় ছোঁয়ায় জীবনের পথে হয় উদারী।

তাঁরা বাতাসে মিশিয়ে দেন ধৈর্যের গান,
প্রতিটি পদক্ষেপে শেখান মানবতার মান।
অশীতিপর বৃদ্ধ মানে অনন্ত আলো, অমলিন আশা,
যাদের ছায়ায় জীবনের প্রতিটি ক্ষণ হয়ে ওঠে স্বর্ণময় ভাষা।

অন্তর্ধান

দালান কোঠা বসতভিটে দিলেম ইস্তফা
এশ্‌ক আর মহব্বতে নবী মোস্তাফা (দঃ) !

হালের গরু-বিলের মাছ দিলেম যাচিয়া
দুনিয়ায় রহিব আমি শুধু যে বাঁচিয়া,
মানুষের ব্যবহার, আখ্‌লাকে আমি পেরেশান
বিবর্তন, পরিস্থিতি-প্রতিকুলতায় আমি বেমানান।

চল্লিশটি বছর মোর হয়ে গেল বৃথা
পাই পাই হিসেব কষে শূন্য দেখি খাতা,
এত করে সব কিছু—ঠকে গেলাম শেষে
নুতন জনম হল মোর মিছকিনের বেশে !

যাদের জন্য চুরি করলাম– তারা বলে চোর !
চার দশক পর দেখি হয়ে গেছে ভোর,
রক্ত মাংসের মানুষ মোরা হবেই তো ভুল
জীবনের তৃতীয়াংশে তাই গোনছি মাশুল।

রক্ত সম্পর্ক মানুষকে বড় কাছে বাঁধে
রক্তের মধ্যে পৃথিবীর যত জীবাণু বাসা বাঁধে,
দুনিয়া-আখেরাত মোর হয়ে গেল বরবাদ
উপকার-ত্যাগ-তিতিক্ষার বদলে পেলাম অপবাদ।

শেষে জীবন যেন এক অন্তর্ধান-যাত্রা,
যেখানে সব অর্জন, সব ব্যথা হয় সযত্ন প্রতিধ্বনিত।
মৃত্যু নয় শেষ, বরং নতুন প্রহর শুরু,
রবের নিকটে আবার পাব শান্তি, পূর্ণ আলো ভরা রূপ।

একা বসে ভাবি – এ যে নিয়তির নির্মম পরিহাস !
মম অবস্থা দেখে লোকে করে উপহাস।

ভরসা রাখিও আল্লাহ তোমার উপরেতে,
ইহ-পরকালে মোর নবী মোরে উদ্ধারিবে।

লেখকের সাথে যোগাযোগ

*"**সঞ্চালোক**" বইটি পড়ার জন্য আপনাকে ধন্যবাদ। এই বইটির প্রতি আপনার আগ্রহ আমাদের কাছে শব্দের চেয়েও বেশি কিছু। আপনি যদি যোগাযোগ করতে, সহযোগিতা করতে অথবা বইটি সম্পর্কে আপনার ভাবনাগুলি জানাতে চান, তবে নিম্নলিখিত প্ল্যাটফর্মগুলির মাধ্যমে নির্দ্বিধায় যোগাযোগ করুন-*

ইমেল : mamazzad.choudhury123@gmail.com
ফেসবুক : Babu Choudhury

আমি পাঠক, ছাত্রছাত্রী, সাংবাদিক, এবং সহকর্মী গল্পকারদের একটি কথোপকথন শুরু করার জন্য স্বাগত জানাই।

যুক্ত হোন ও মতামত দিন-

আপনার ভাবনাগুলি সামাজিক মাধ্যমে নিম্নলিখিত হ্যাশট্যাগগুলি ব্যবহার করে শেয়ার করুন-

#সঞ্চালোক

#হৃদয়,আত্মাএবংপ্রকৃতিরআলোয়আলোকিতএকটিযাত্রা

কবিকে ট্যাগ করুন এবং আপনার মতামত জানান

পোস্ট, স্টোরি, রিল, বা ব্লগ যাই হোক না কেন, আপনার কণ্ঠস্বর হৃদয়, আত্মা এবং প্রকৃতির আলোর সাথে যুক্ত হয়।
আমরা আপনার মতামত জানতে আগ্রহী!
*"**সঞ্চালোক**" সম্পর্কে আপনার চিন্তাভাবনা শেয়ার করতে এই **QR** কোডটি স্ক্যান করুন।*

আপনার সমর্থনের জন্য ধন্যবাদ, আপনার মতামত শিক্ষাকে সমৃদ্ধ করে, নির্দেশনাকে সমুন্নত রাখে, এবং শব্দের চিরন্তন যাত্রাকে এগিয়ে নিয়ে চলে।

প্রিয় পাঠক,

আপনি যদি এই পৃষ্ঠা পর্যন্ত পৌঁছে থাকেন, তবে আপনি আলো এবং ছায়ার মধ্য দিয়ে, হৃদয় ও আত্মার প্রতিধ্বনি জাগানোর চেষ্টাকারী শব্দগুলির মধ্য দিয়ে আমার সাথে হেঁটেছেন। এর জন্য আমি আপনাকে ধন্যবাদ জানাই– আপনার সময়, আপনার হৃদয় এবং আপনার নীরব মনোযোগের জন্য।

কবিতা মানব জীবনে অপরিহার্য, কারণ এটি আমাদের গভীর অনুভূতি ও আবেগকে শব্দে প্রকাশ করতে সাহায্য করে। এটি শুধু ভাষার অলংকার নয়, বরং চিন্তার গভীরতা ও মানসিক সৌন্দর্যের প্রতিফলন। কবিতা মানুষের মনকে সংবেদনশীল করে, সংস্কৃতি ও মূল্যবোধের প্রতি সচেতনতা বৃদ্ধি করে এবং সুন্দরকে উপলব্ধি করার ক্ষমতা জাগ্রত করে।

কবিতা আমাদের সেই অনুভূতিগুলিকে প্রকাশ করার সুযোগ দেয়, যা অন্যভাবে বলা কঠিন। আনন্দ, ভয়, দুঃখ, প্রেম কিংবা স্মৃতি- সব ধরনের আবেগ প্রকাশের এক শক্তিশালী মাধ্যম হলো কবিতা। একটি জাতির কবিতা তার ইতিহাস, ঐতিহ্য ও মূল্যবোধের পরিচয় বহন করে; যা সাংস্কৃতিক চেতনাকে সমৃদ্ধ করে এবং পারস্পরিক বোঝাপড়া গড়ে তোলে।

ভাষার ছন্দ, শব্দচয়ন ও চিত্রকল্পের মাধ্যমে কবিতা সৃষ্টি করে এক অনন্য নান্দনিক আনন্দ। কবিতা পাঠ বা শ্রবণের মাধ্যমে পাঠক ও শ্রোতা নিজেদের অনুভূতিকে ভাগ করে নিতে পারে, যা মানবিক সংযোগ ও সহানুভূতির জন্ম দেয়।

কবিতা কেবল শব্দ ও ছন্দের সমাহার নয়; এটি গভীর চিন্তা, উপলব্ধি ও আত্মপ্রকাশের এক শুদ্ধ মাধ্যম। কবিতা আমাদের শেখায় জীবন ও জগৎকে নতুন দৃষ্টিতে দেখতে, ভাবতে ও অনুভব করতে। ভাষার নান্দনিক ও সৃজনশীল ব্যবহারের মাধ্যমে এটি ভাষাকে শক্তিশালী করে তোলে এবং শিল্পকে সমৃদ্ধ করে।

অনেক সময় মানুষ কবিতা পড়ে বা লিখে মানসিক শান্তি খুঁজে পায়। এটি মনকে দেয় প্রশান্তি, আত্মাকে দেয় মুক্তি, আর মানবজীবনকে করে আরও অর্থবহ ও আলোকিত।

প্রতিটি সমাপ্তি তার ভেতরে একটি নতুন ভোরের আলো বহন করে। এই কবিতাগুলি যদি আপনার মধ্যে কোনো ভাবনা জাগিয়ে তোলে, কোনো স্মৃতিকে জাগ্রত করে, বা কোনো প্রশ্ন ফিসফিস করে, তবে তাকে বাঁচিয়ে রাখুন।

কবিতার কখনও সত্যিকারের শেষ হয় না। প্রতিটি শ্লোকে আমি ঔজ্জ্বল্য ***(radiance)*** *চেয়েছি, প্রতিটি নীরবতায় আমি সত্য চেয়েছি এবং প্রতিফলনে আমি প্রকৃতির আলোর কোমল স্পর্শ চেয়েছি।*

যদি একটি মাত্র পংক্তি, স্তবকও আপনার আত্মাকে স্পর্শ করে, একটি স্মৃতিকে সংরক্ষণ করে বা একটি চিন্তাকে জাগিয়ে তোলে, তবে আমার কাজটি সফল ও সম্পূর্ণ।

স্মরণ জেগে উঠুক, প্রতিফলন স্থায়ী হোক এবং এই শব্দগুলি প্রতিধ্বনিত হোক – শুধু এই পৃষ্ঠাগুলিতে নয়, তাদের বাইরের জগতেও।

বিদায়ের সুর

আলোর কণা নিয়ে ফিরুক যত পাঠক,
এই কাব্য শেষেও চলুক নীরব আলাপ।
পাতা উল্টে গেলেও স্মৃতি হোক অক্ষয়,
শব্দগুলি বেঁচে থাকুক যেখানে হয় প্রত্যয়।

কৃতজ্ঞতা সহ,

মমজ্জদ আহমদ চৌধুরী
কবি,
"সঞ্চালোক"

9 789334 414660

Printed at Repro India Ltd.